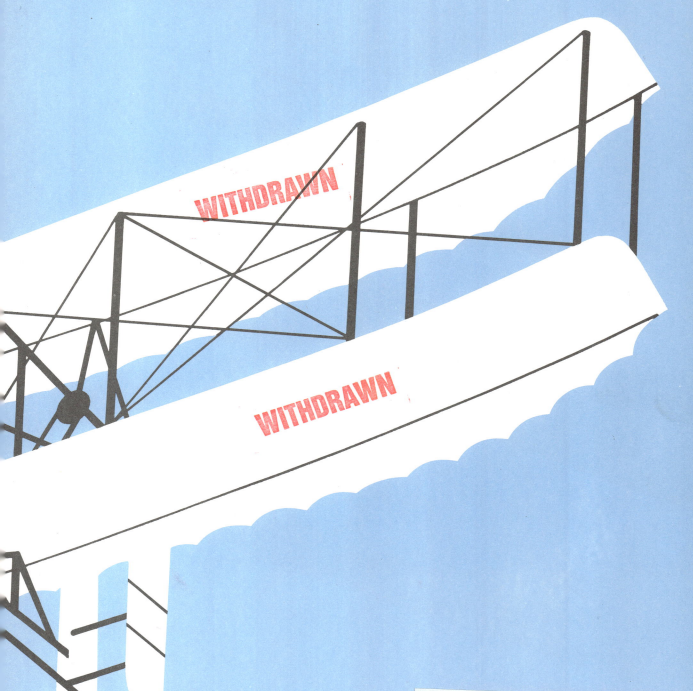

ENCICLOPEDIA ILUSTRADA
DE CIENCIA Y NATURALEZA

El transporte

TIME LIFE
ALEXANDRIA, VIRGINIA

Í N D I C E

4 De la vela al submarino 78

5 Soñando con el cielo 108

1
Surcando las vías cambiantes

El tren constituye uno de los grandes triunfos de la ingeniería de la época moderna. Desde mediados del siglo pasado, los ferrocarriles han supuesto un medio fiable y eficiente para el transporte terrestre de personas y carga. Los primeros trenes *(arriba)*, impulsados por vapor, jugaron un papel importante en el éxito de la Revolución Industrial en Gran Bretaña. En Estados Unidos, el ferrocarril entre Baltimore y Ohio empezó a funcionar en 1830. Diez años después, los trenes de vapor, que funcionaban con carbón, transportaban pasajeros y mercancías a lo largo de un trazado de unos 4.500 kilómetros. Hacia 1860, las líneas férreas de Estados Unidos cubrían más de 50.000 kilómetros, y los ferrocarriles desempeñaban un papel clave en el desplazamiento de los colonos hacia el Oeste.

Hoy en día, las locomotoras impulsadas por diesel *(segunda ilustración desde arriba)* arrastran la mayor parte de los trenes de mercancías en Estados Unidos, mientras que en Europa el uso de los motores eléctricos se halla ampliamente extendido. En todo el mundo, muchas personas se desplazan por la ciudad y sus cercanías en trenes electrificados o "metro" *(en medio)*. Las locomotoras de vapor tradicionales todavía arrastran trenes de largo recorrido en muchas partes de Asia, especialmente en China y en la India. En cambio, en Japón, los trenes bala de alta velocidad *(segunda ilustración desde abajo)* pueden superar los 300 kilómetros por hora. En el futuro, el tren experimental maglev *(abajo)*, que flotará en el aire sobre unas vías magnéticas, podrá viajar a una velocidad de 480 kilómetros por hora.

Desde la locomotora Rocket *(arriba, a la izquierda)*, la más potente del mundo en 1829, hasta el actual tren experimental por levitación magnética *(abajo)*, los trenes han llegado a transportar grandes cantidades de personas y mercancías de forma rápida y barata.

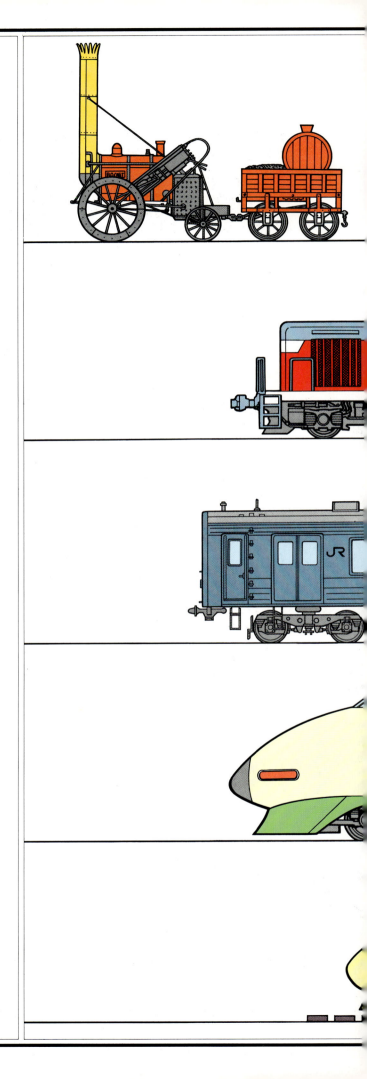

¿Qué mantiene a un tren sobre su carril?

Los trenes actuales son más grandes, rápidos y potentes que los primeros trenes de hace 160 años, pero todavía tienen las mismas ruedas de hierro, con rebordes, que se deslizan sobre raíles de hierro en forma de I. Todas las ruedas de tren tienen un saliente o reborde de 2,5 centímetros que sobresale del aro interior. Este reborde guía las ruedas del tren sobre los raíles a lo largo de todo el trazado de las vías. El sistema de reborde y raíl produce tan poco rozamiento que si un vagón de 36 toneladas

Reborde
Juntura del raíl
Raíl
Eclisa
Grapa
Clavo de la vía
Traviesas de madera

Soporte elástico de los raíles

Un raíl descansa sobre madera o en traviesas de hormigón enterradas en un lecho de grava. Normalmente, unos tornillos largos pasados a través de unas grapas mantienen el raíl en su sitio. Este sistema elástico contribuye a que los viajes en tren sean más suaves.

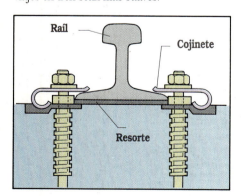

Raíl
Cojinete
Resorte

Juntura de los raíles

Entre los raíles de acero, de 12 metros, se deja un espacio que permite que se dilaten cuando se calientan. Una barra de unión, sujeta con tornillos, mantiene unidas las dos secciones. Actualmente, se tiende a soldar los raíles.

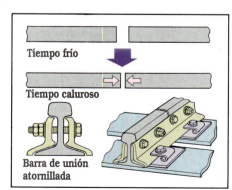

Tiempo frío
Tiempo caluroso
Barra de unión atornillada

Tracción

El peso de una locomotora hace que sus ruedas se agarren al suave raíl, proporcionando la tracción que arrastra un tren a lo largo de las vías y le permite subir por una pendiente.

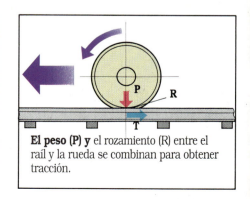

P
R
T

El peso (P) y el rozamiento (R) entre el raíl y la rueda se combinan para obtener tracción.

que fuera a 100 kilómetros por hora se quedara sin impulso, aún avanzaría 8 kilómetros antes de detenerse. Por el contrario, un camión de 36 toneladas sólo avanzaría 1,6 kilómetros antes de pararse.

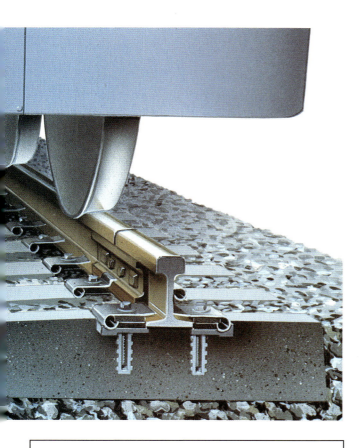

Cambio de agujas

Para pasar un tren de una vía a otra hay que mover sus ruedas mediante puntos móviles. Los contracarriles permiten que las ruedas atraviesen el punto en el que se encuentran las dos vías. Un tren que pasara por los puntos que se ven abajo tomaría la vía recta de la derecha.

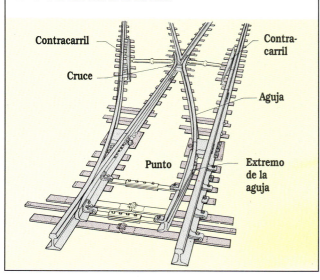

Al tomar las curvas

Al pasar por una curva, un tren experimenta una fuerza que se conoce con el nombre de fuerza centrífuga, que tira de él hacia fuera de la curva. Para compensar esta fuerza lateral, el rail exterior está elevado respecto al interior. Esta elevación o peralte permite al tren mantener la velocidad en las curvas.

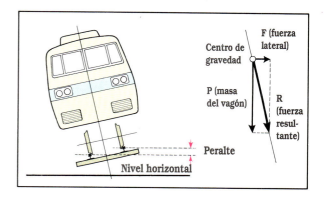

Huelgo

La distancia entre los raíles es mayor en las curvas que en las secciones rectas de la vía. Esto reduce el rozamiento en las ruedas del tren cuando éste tira hacia fuera, y también el desgaste de los raíles.

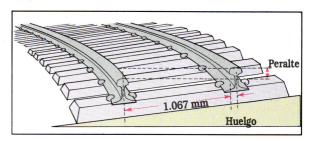

Los *bogies* de las ruedas

Las ruedas de un vagón están montadas sobre *bogies*, plataformas móviles que también sostienen el sistema de suspensión del vagón. Cada *bogie*, con dos pares de ruedas, gira sobre un plato central, proporcionando flexibilidad cuando el tren pasa por una curva. La suspensión independiente contribuye a asegurar un viaje más suave.

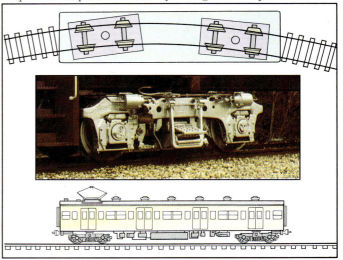

¿Cómo se enganchan los vagones entre sí?

La vida de un tren consiste en sucesivas adiciones y sustracciones: añadir unos cuantos vagones en un lugar; quitar unos cuantos en otro. Lo que hace que esto sea posible es el mecanismo automático de enganche, un dispositivo que traba los vagones o coches entre sí con seguridad, y que, sin embargo, puede liberarse con facilidad simplemente tirando de una palanca. Los enganches son de diversos tipos. Los metros y los vehículos ligeros sobre raíles utilizan enganches de contacto, que proporcionan un viaje seguro y suave. Los enganches de juntas articuladas, similares a dos manos agarradas por los dedos, son los más comunes en los ferrocarriles. Un enganche con mango rotatorio permite a los vagones de mercancías girar y descargar sin necesidad de ser desenganchados del tren.

Enganches automáticos

El enganche de tren más común funciona como dos manos que se agarran. A medida que dos vagones se aproximan, los dedos están abiertos. Cuando los dedos chocan, se cierran uno sobre otro y se activa el seguro. Para abrir el enganche, se acercan los vagones y se levanta a mano la palanca de apertura.

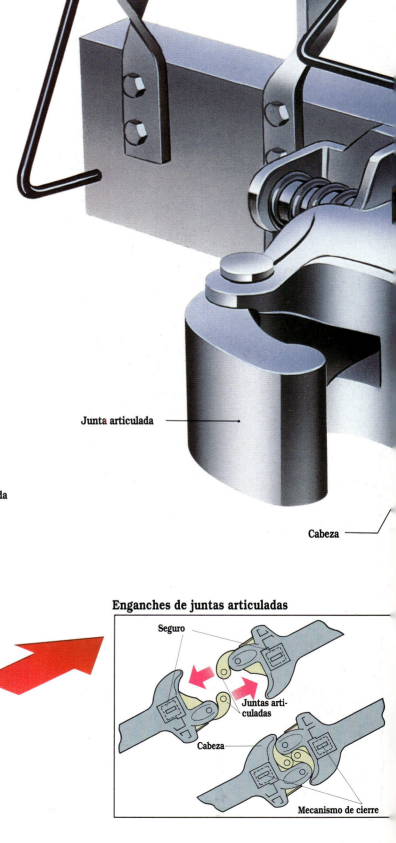

Palanca de apertura

Junta articulada

Cabeza

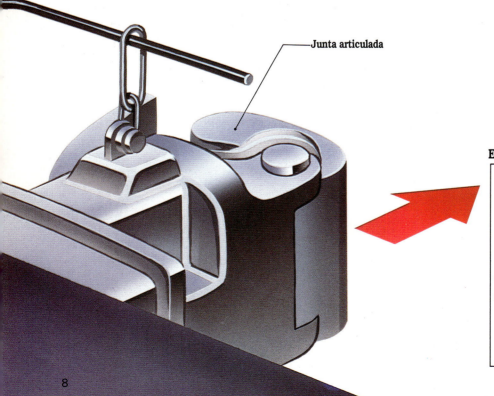

Junta articulada

Enganches de juntas articuladas

Seguro

Juntas arti-culadas

Cabeza

Mecanismo de cierre

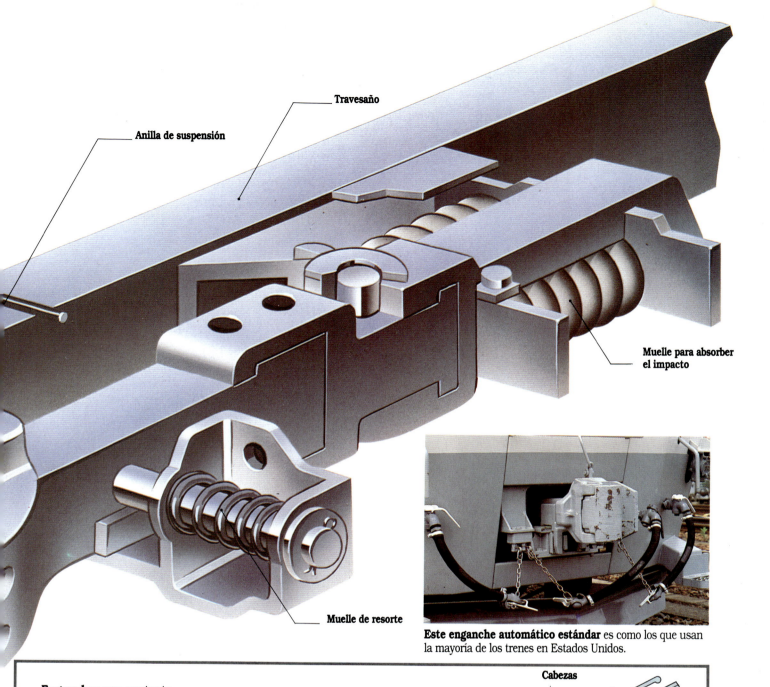

Travesaño

Anilla de suspensión

Muelle para absorber el impacto

Muelle de resorte

Este enganche automático estándar es como los que usan la mayoría de los trenes en Estados Unidos.

Enganches por contacto

Cuando las cabezas de dos enganches por contacto se encuentran, hacen que se active un cierre pivote. Al tirar de la palanca de apertura, se liberan los muelles de retroceso que abren el enganche. Los enganches por contacto forman una juntura más compacta que el enganche automático de junta articulada, y reducen las sacudidas entre los vagones cuando el tren arranca o se para. Los enganches por contacto también tienen conexiones automáticas para los frenos de aire y las líneas eléctricas.

Cabezas

Muelle de retroceso

Cierres pivote

Palanca de apertura

El enganche por contacto es estándar en la mayoría de los metros y de los ferrocarriles aéreos.

¿Cómo funcionan los frenos del tren?

El sistema de seguridad más importante en un tren reside en sus frenos. Desde 1900, todos los trenes de mercancías estadounidenses han utilizado el freno de aire automático, un complejo sistema de mangueras, compresores, válvulas y enganches capaz de detener, con absoluta seguridad, un tren compuesto por 150 vagones. Desde su invención, en 1872, prácticamente se ha mejorado cada parte del sistema automático de freno de aire, pero el principio básico de operación permanece inalterado: el aire comprimido empuja un pistón, que fuerza a la zapata del freno contra las ruedas del tren (derecha). El rozamiento resultante detiene el tren. El sistema se llama automático porque los frenos también se activan de forma automática cuando se produce una interrupción en los conductos de aire. Incluso pueden detectar cuándo el tren está vacío o, por el contrario, muy cargado, y aplicar en cada caso la cantidad adecuada de frenado.

Los trenes eléctricos tienen un tipo diferente de frenos que utiliza la resistencia electromagnética, en lugar del rozamiento, para detener el movimiento de las ruedas. Estos frenos pueden detener un tren relativamente ligero, de forma rápida y suave, pero no serían capaces de parar un tren más pesado, sea de mercancías o de pasajeros, arrastrado por locomotora.

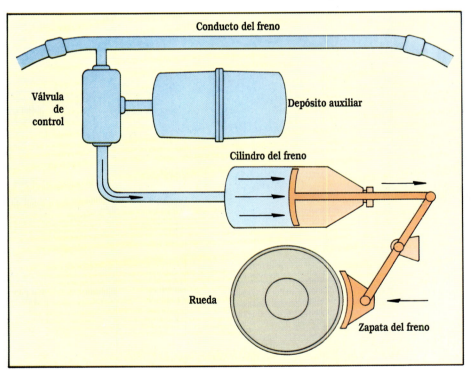

Frenos de aire automáticos en acción

Cuando el conductor del tren activa la válvula de freno (como se muestra en el diagrama, muy simplificado, de la izquierda), el aire comprimido pasa desde el conducto del freno hacia la válvula de control y sigue hasta el cilindro del freno. La presión del aire en el cilindro del freno mueve las palancas que presionan la zapata del freno contra la rueda. Al liberar la válvula del freno, se permite que la presión del aire se escape del cilindro del freno, y la zapata se aparta de la rueda.

La válvula de control también acciona los frenos de forma automática si un coche o vagón se separa del resto del tren. Un depósito auxiliar contiene aire comprimido para usarlo en emergencias de este tipo.

Frenos eléctricos de aire

Los trenes de pasajeros (abajo) utilizan un circuito electrónico de control para regular la cantidad de presión de aire que actúa sobre el cilindro del freno (derecha). Este sistema permite un frenado más suave que el que los frenos automáticos de aire pueden proporcionar.

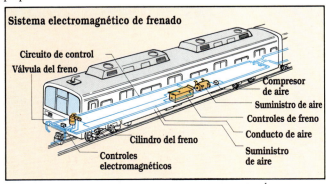

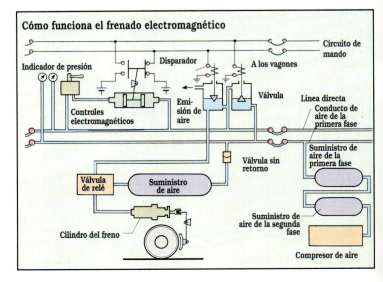

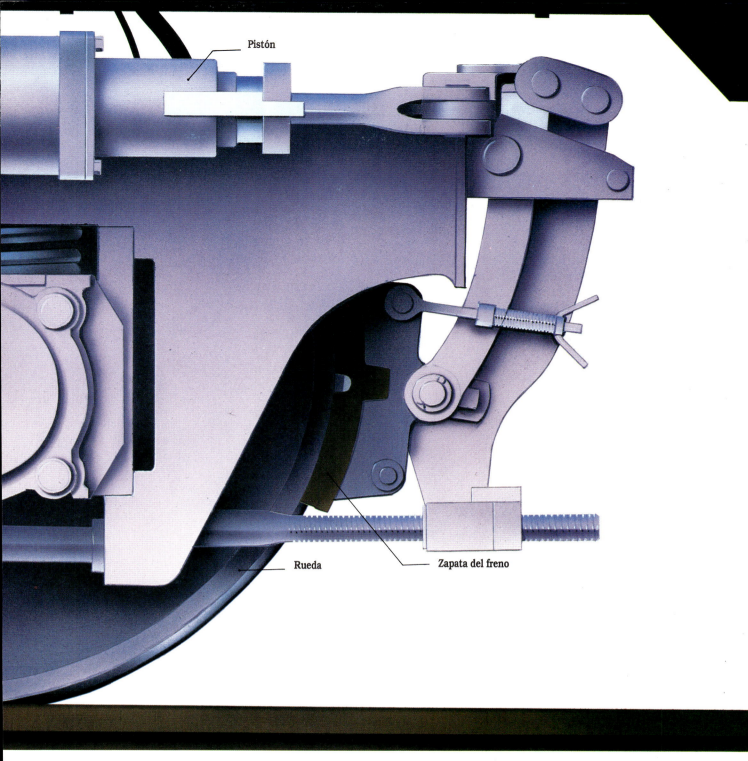

Pistón

Rueda

Zapata del freno

Frenos electromagnéticos

Los frenos de un tren eléctrico usan resistencia magnética en lugar de rozamiento para obtener un control firme de frenado a cualquier velocidad. Cuando cesa el suministro de corriente al motor eléctrico, se genera un campo magnético que se opone a la rotación de las ruedas del tren. Cuanto más dura la interrupción de corriente, más potente resulta la acción de frenado.

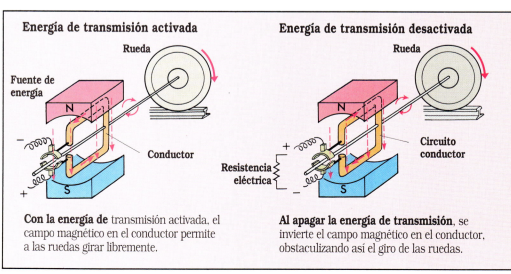

Energía de transmisión activada

Rueda

Fuente de energía

N

Conductor

S

Con la energía de transmisión activada, el campo magnético en el conductor permite a las ruedas girar libremente.

Energía de transmisión desactivada

Rueda

N

Circuito conductor

Resistencia eléctrica

S

Al apagar la energía de transmisión, se invierte el campo magnético en el conductor, obstaculizando así el giro de las ruedas.

¿Cómo funcionan las puertas de un tren eléctrico?

Una de las principales características del tren eléctrico moderno son sus diversas puertas deslizantes automáticas. Al llegar a una estación, el encargado acciona el interruptor que abre las puertas. Éste activa una rueda dentada impulsada por un pistón, bajo cada uno de los pares de puertas que se hallan en uno de los dos lados del tren. Las puertas del otro lado no se abren. Cuando la rueda dentada se mueve, hace que una palanca de control de las puertas se deslice y las abra *(abajo)*. En algunos trenes, se enciende una luz sobre cada una de las puertas en la parte exterior del vagón. Cuando ya no queda ningún pasajero en las puertas, el encargado activa el interruptor de cierre. La rueda dentada se mueve en la dirección opuesta y las puertas se deslizan hasta cerrarse.

Con las puertas cerradas, un seguro impide que se abran de forma accidental. Un mecanismo de seguridad impide que el tren se ponga en marcha antes de que todas las puertas estén cerradas y accionado el seguro. Si una puerta queda entreabierta, la luz superior permanece encendida, y el encargado puede saber así de qué puerta debe ocuparse.

Normalmente, la energía para accionar las puertas procede de la misma fuente que hace correr al tren. Si ésta falla, entra en funcionamiento un equipo auxiliar de batería que puede abrir las puertas.

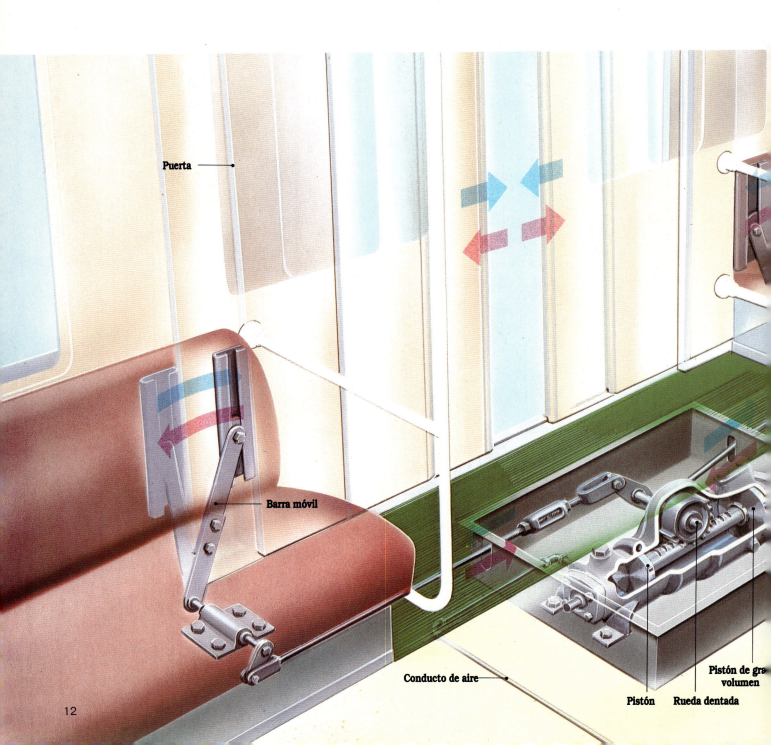

Puerta

Barra móvil

Conducto de aire

Pistón de gran volumen

Pistón　Rueda dentada

Puertas sencillas y dobles

Las puertas sencillas *(abajo, a la izquierda)* cuelgan de unas guías mediante unas ruedecillas. Una palanca del mecanismo que cierra las puertas mueve una barra que las abre y las cierra. En los sistemas de puertas dobles *(abajo, a la derecha)*, un dispositivo de correa y polea conecta las dos puertas. Cuando la palanca empuja o tira de una puerta, la otra se mueve al mismo tiempo en la dirección opuesta.

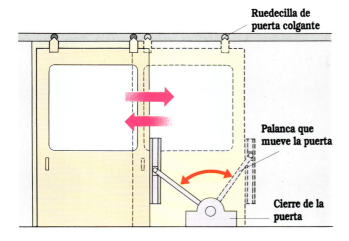

Ruedecilla de puerta colgante

Palanca que mueve la puerta

Cierre de la puerta

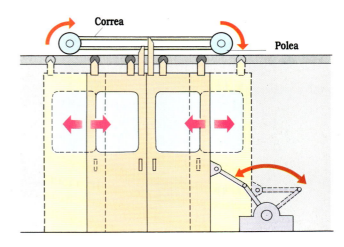

Correa

Polea

Para abrir las puertas

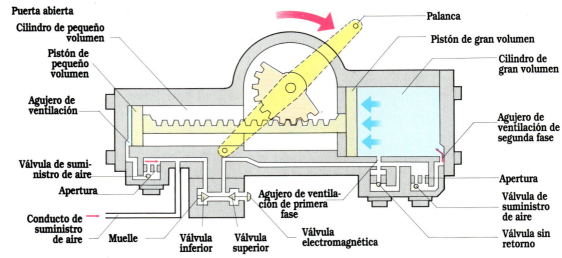

Puerta abierta
Cilindro de pequeño volumen
Pistón de pequeño volumen
Agujero de ventilación
Válvula de suministro de aire
Apertura
Conducto de suministro de aire
Muelle
Válvula inferior
Válvula superior
Agujero de ventilación de primera fase
Válvula electromagnética
Palanca
Pistón de gran volumen
Cilindro de gran volumen
Agujero de ventilación de segunda fase
Apertura
Válvula de suministro de aire
Válvula sin retorno

Cuando el conductor del tren acciona el interruptor que abre las puertas, una serie de válvulas permite que el aire comprimido entre en el cilindro de gran volumen *(arriba)*. Esto empuja el pistón de gran volumen, que, a su vez, mueve la rueda dentada y acciona la palanca. Las puertas conectadas a la palanca se deslizan y se abren.

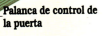

Palanca de control de la puerta

Para cerrar las puertas

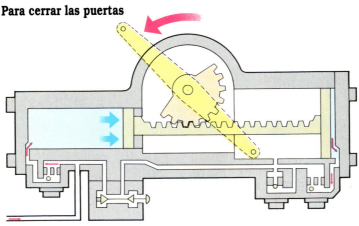

El conductor acciona el interruptor que cierra las puertas, el cual conduce el aire comprimido desde el cilindro de gran volumen hasta el cilindro de pequeño volumen. El pistón de pequeño volumen mueve la rueda dentada, accionando la palanca. Las puertas se cierran.

La luz roja indica que la puerta está abierta.

¿Cómo eran los primeros trenes?

En 1804, una locomotora de vapor tiraba de una carga de hierro a través de las fundiciones galesas e iniciaba la era de los ferrocarriles. Veinticinco años después, el ingeniero inglés George Stephenson construyó la Rocket, una locomotora de vapor con un diseño revolucionario. Cuando la Compañía de Ferrocarriles de Liverpool y Manchester convocó un concurso para determinar cuál era la mejor locomotora del momento, la Rocket ganó el premio de quinientas libras. La línea Liverpool-Manchester tuvo mucho éxito, iniciando un largo período de construcción de líneas férreas en toda Europa y Estados Unidos.

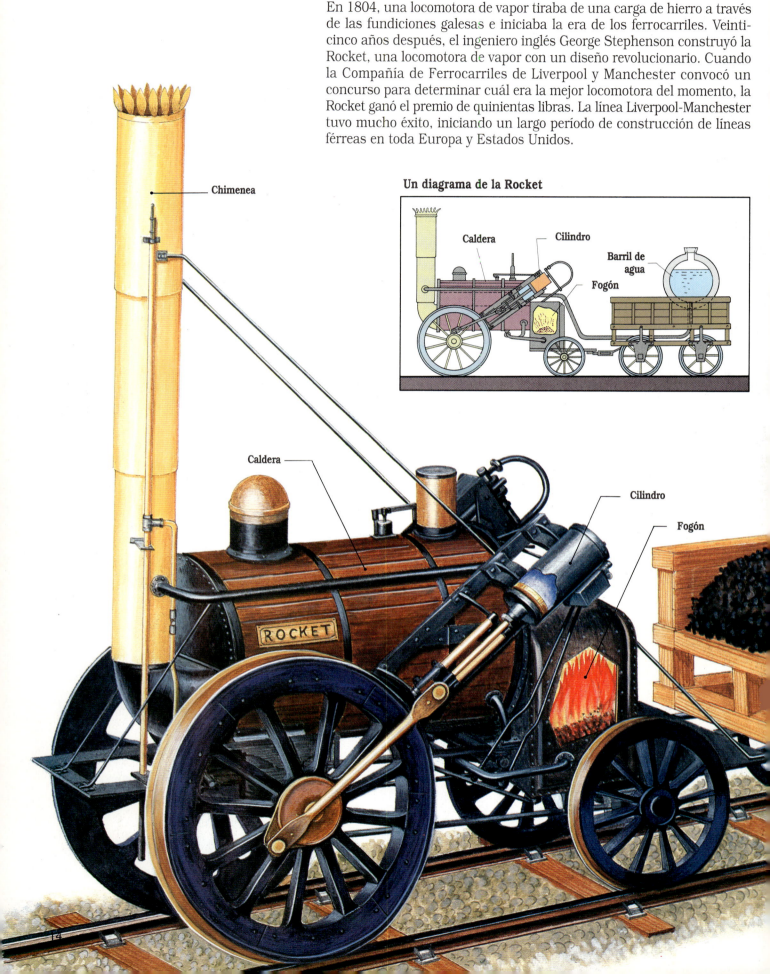

Un diagrama de la Rocket

Caldera

Cilindro

Barril de agua

Fogón

Chimenea

Caldera

Cilindro

Fogón

ROCKET

La Rocket

La Rocket *(abajo)* constaba de tres partes principales: la locomotora, que llevaba la caldera de vapor y los cilindros de transmisión; el fogón, donde ardía el carbón; y el ténder, que llevaba combustible y agua. El vapor procedente de la caldera impulsaba dos grandes cilindros, cada uno conectado con una de las ruedas delanteras de la locomotora *(derecha)*. El diseño de la caldera y del fogón hizo de la Rocket la primera locomotora realmente práctica y contribuyó al éxito de los primeros ferrocarriles.

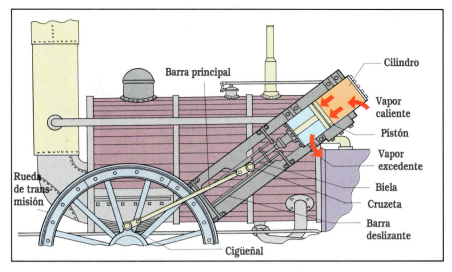

Barra principal

Cilindro

Vapor caliente

Pistón

Vapor excedente

Biela

Cruzeta

Barra deslizante

Rueda de transmisión

Cigüeñal

Rueda de transmisión impulsada por pistones

El vapor entra por la parte superior del cilindro, obligando al pistón a bajar. Éste mueve las dos barras y gira el cigüeñal en la rueda. Entonces el vapor llega al fondo del cilindro, empujando el pistón hacia arriba, lo cual tira de las barras y hace que la rueda siga girando.

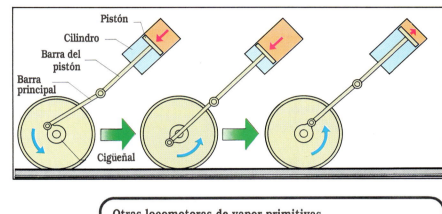

Pistón

Cilindro

Barra del pistón

Barra principal

Cigüeñal

Barril de agua

Ténder de carbón

Raíl

Traviesa

Otras locomotoras de vapor primitivas

El ingeniero inglés Richard Trevithick construyó la primera locomotora de vapor. En 1804, arrastró 10.000 kilos de hierro a lo largo de 16 kilómetros.

La Locomotion, construida en Inglaterra en 1825, fue la primera locomotora que circuló por una vía de tren pública. No era muy fiable y ofrecía pocas ventajas frente a los trenes arrastrados por caballos.

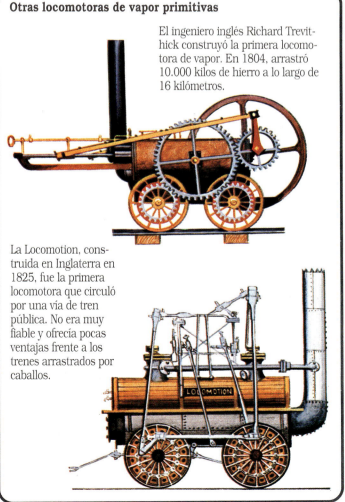

¿Cómo funciona una locomotora de vapor?

La locomotora de vapor utiliza la energía del vapor a alta presión para accionar una serie de pistones unidos directamente a las ruedas del tren mediante barras conectoras *(abajo)*. Su diseño relativamente simple y su fiabilidad hicieron de la locomotora de vapor el tren preferido del público, desde la época de las primeras locomotoras, a principios del siglo pasado, hasta

después de la Segunda Guerra Mundial, y todavía es de uso generalizado en la India y en China. El principal inconveniente de la locomotora de vapor es su bajo rendimiento; incluso en la mejor locomotora de vapor, únicamente alrededor de un 6% de la energía producida en la combustión de carbón se transforma en movimiento.

Suministro de agua
Conducto calefactor
Depósito de vapor
Cámara de humo
Conducto de humo
Rueda transmisora
Cilindro

La locomotora de vapor

Una moderna máquina de vapor, en la que el carbón pasa automáticamente desde el ténder hasta el fogón. Una vez allí, arde a una temperatura cercana a los 1.400 grados centígrados. El agua, también almacenada en el ténder, se calienta dos veces en la caldera, convirtiéndose en vapor a alta temperatura y presión. A continuación, pasa a través de los cilindros, accionando los pistones y haciendo que se mueva el tren. Parte del vapor se condensa de nuevo en agua y vuelve a la caldera. El resto del vapor sale humeando por la chimenea.

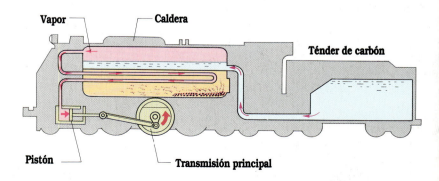

Vapor
Caldera
Ténder de carbón
Pistón
Transmisión principal

Conservación del calor

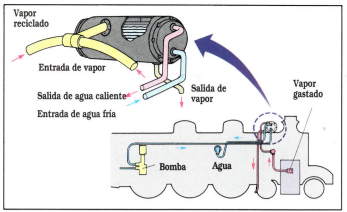

El vapor que ha pasado a través de los pistones todavía está caliente. En algunos trenes, parte de este vapor gastado se usa para precalentar el agua fría antes de que ésta entre en la caldera.

Elevación de la temperatura

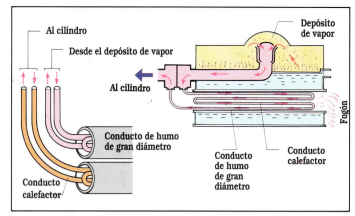

En una caldera con tuberías de agua, el agua templada entra en un depósito que rodea el fogón y se convierte en vapor. Éste pasa entonces a través de los conductos que hay dentro del fogón.

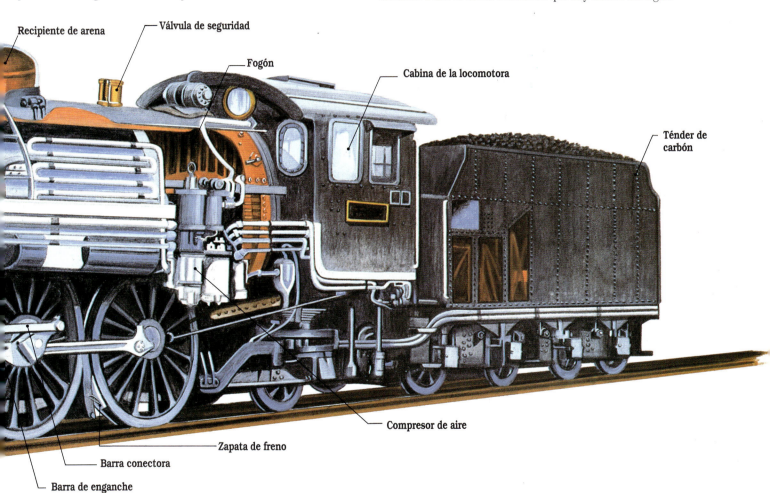

El pistón movido por vapor

La válvula izquierda del pistón se abre, dejando pasar el vapor a alta presión (1). Esto impulsa el pistón a la derecha y hace girar la rueda (2). La válvula izquierda se cierra y la válvula derecha se abre, dejando entrar vapor al otro lado del pistón (3). Esto obliga al pistón a volver a su posición inicial y lleva a la rueda a completar una revolución (4). El ciclo está a punto para comenzar de nuevo.

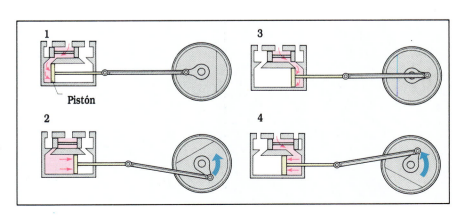

¿Qué tiene de especial un tren de lujo?

James J. Hill, el gran magnate americano de los ferrocarriles, comentó una vez: "Un tren de pasajeros no es ni útil ni decorativo". Evidentemente, nunca había viajado en el Santa María, un vagón tan lujoso, que su constructor, la Pullman Palace Car Company, lo exhibió en la Exposición Internacional Colombina de 1893. Poco después, el nombre de George Mortimer Pullman se convirtió en sinónimo de lujo, y los trenes de pasajeros americanos fueron conocidos en todo el mundo por sus características lujosas.

En la actualidad, los trenes de lujo, como el europeo Orient Express y el japonés Twilight Express *(abajo)*, recrean el ambiente confortable de esos días de gloria de los ferrocarriles. Las habitaciones más sencillas tienen televisión y otras diversiones, mientras que las habitaciones de lujo son tan confortables y privadas como cualquier habitación de los mejores hoteles. La suite que se encuentra al final del Twilight Express es como un pequeño apartamento, con habitaciones separadas para el dormitorio y la sala de estar.

El Twilight Express de Japón se prepara para salir de la estación de Osaka. Recorrerá los 1.450 kilómetros que hay hasta Sapporo en 21 horas.

El Twilight Express

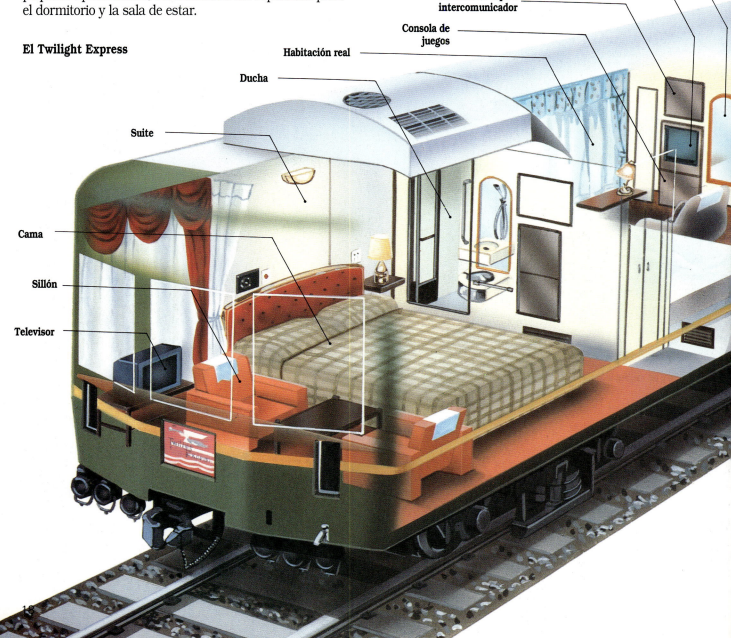

- Espejo
- Televisor
- Secador de ropa e intercomunicador
- Consola de juegos
- Habitación real
- Ducha
- Suite
- Cama
- Sillón
- Televisor

Las habitaciones reales en el Twilight Express tienen ducha, televisión y sofá cama.

La suite tiene dormitorio, baño completo y su propia habitación de observación.

El coche restaurante de un tren de lujo se caracteriza por su refinada cocina.

Los pasajeros pueden descansar cómodamente en el coche salón.

La ducha del coche salón es para los que no viajan en una suite.

Puerta al coche salón

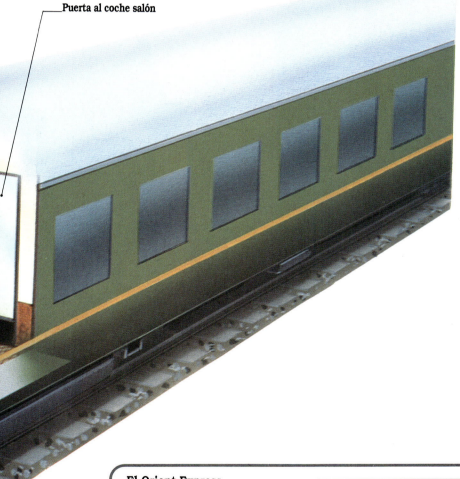

El Orient Express

Tal vez el tren sobre el que más se ha escrito en la historia sea el Orient Express, el principal tren de lujo europeo. Sus comodidades rivalizan con las de los mejores hoteles de primera clase y se caracteriza por sus cabinas privadas, su zona de bar y su restaurante de alta cocina. Todo está decorado en lujoso estilo "fin de siglo".

Una cabina privada

El coche restaurante

¿Cómo controlan las señales a los trenes?

Un tren, a diferencia de un coche o un camión, no puede detenerse con rapidez cuando se encuentra con un tren más lento delante de él en la misma vía. Tampoco puede desviarse bruscamente para evitar a otro tren parado en una estación. Para evitar los choques entre los trenes que corren por las mismas vías, los ferrocarriles han desarrollado unos sistemas de señales que funcionan como mecanismos de aviso para los conductores de los trenes.

En los primeros días del ferrocarril, los trenes circulaban con suficiente distancia entre ellos como para evitar las colisiones. Más tarde, se pasó al sistema, más seguro, del intervalo de distancia: un tren no podía entrar en un tramo determinado de la vía hasta que dicho tramo estuviera vacío. Los primeros sistemas de señales consistían en unas banderas o lámparas encendidas, que finalmente fueron sustituidas por el sistema de luces de color que todavía se emplea hoy en día. En 1872, se instaló el primer sistema de parada automática de trenes; un aviso o señal de parada accionaba el freno del tren aun en el caso de que el conductor se hubiera quedado dormido en los mandos.

Señales automáticas

Una batería envía corriente a través de un tramo de la vía. Cuando un tren llega a este tramo *(inferior)*, la corriente pasa por sus ruedas. La señal de ese tramo se pone en rojo.

Una luz amarilla en una señal de cinco luces *(izquierda)* advierte al conductor que avance despacio.

Una luz verde indica que el túnel está vacío; el tren puede avanzar con seguridad.

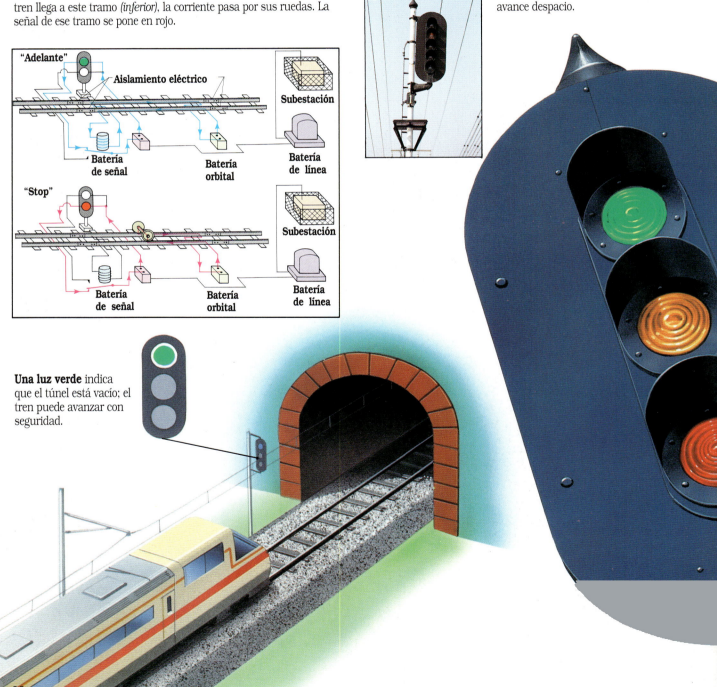

El sistema automático de parada del tren, montado bajo un vagón, accionará los frenos automáticamente si no recibe una señal clara del transmisor en la vía.

La señal verde indica que la vía está libre.

Una luz roja advierte que hay un tren inmediatamente delante.

Una señal amarilla advierte que un tren está dos secciones más adelante.

Un transmisor se halla unido a la vía.

● **Sistema automático de parada de tren**

Cuando un tren (1) se acerca a una señal luminosa amarilla o roja sin disminuir su velocidad o detenerse (2), un sensor en la vía acciona un mecanismo de aviso en la cabina del tren (3). El conductor debe apretar una palanca en pocos segundos, si no, el sistema automático de parada de tren (SAP) accionará los frenos (4). Estos sistemas se utilizan en las líneas de metro y en zonas de circulación densa.

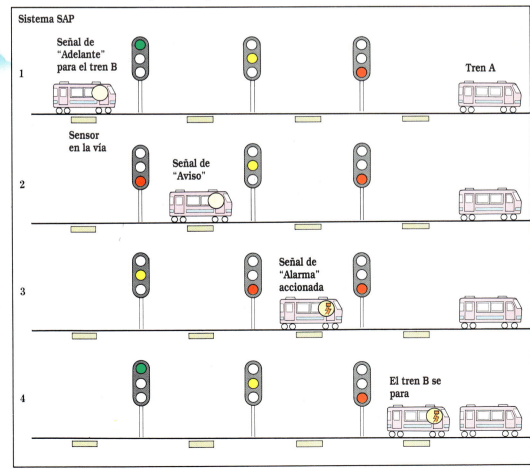

¿Qué hace una máquina quitanieves?

Cuando las vías del tren están enterradas bajo un pesado manto de nieve, la circulación de los trenes puede quedar interrumpida. En las regiones del planeta en donde la nieve es habitual, unas locomotoras especialmente adaptadas actúan como quitanieves, despejando las vías y manteniendo los trenes en circulación. Las máquinas quitanieves, como la Jordan, de una pala, o la Russell, de doble pala, simplemente usan la potencia de la locomotora para apartar la nieve de las vías. En las zonas en donde las nevadas son intensas, como en Rusia, Escandinavia, norte de Japón y las montañas de Estados Unidos, las quitanieves eléctricas o diesel usan palas giratorias para apartar la nieve de las vías.

La potente rueda quitanieves lanza un brillante penacho blanco a medida que expulsa la nieve de las vías.

Quitanieves giratoria

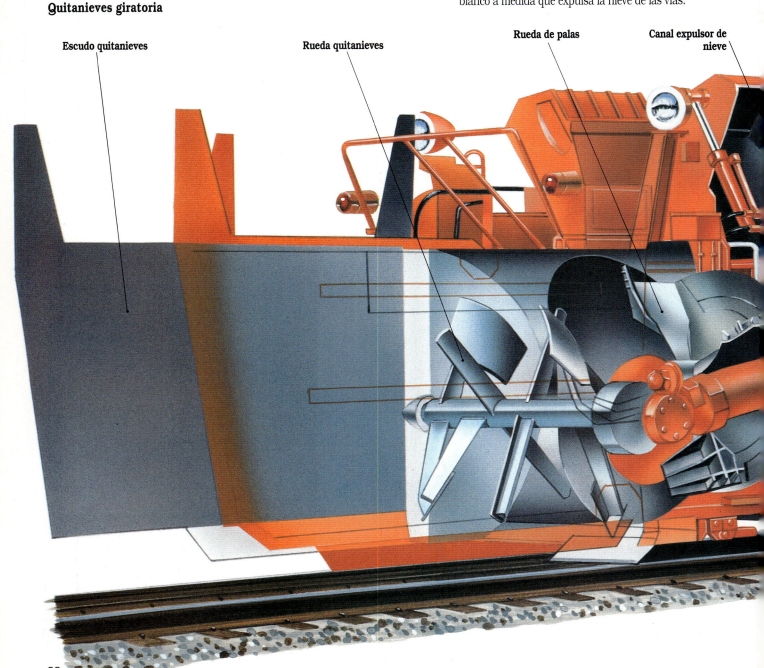

Escudo quitanieves

Rueda quitanieves

Rueda de palas

Canal expulsor de nieve

Mecanismo de la rueda quitanieves

La quitanieves giratoria parece un enorme fuelle de nieve. Los escudos quitanieves rebañan la nieve de ambos lados de la vía hacia dentro, por donde pasa la locomotora. La pala giratoria bate la nieve hacia el arado y a través del canal expulsor de nieve.

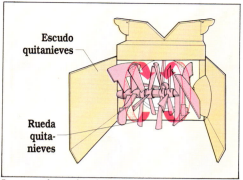

Escudo quitanieves

Rueda quita- nieves

Los escudos quitanieves impulsan la nieve hacia las ruedas giratorias.

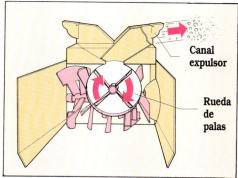

Canal expulsor

Rueda de palas

La nieve sale despedida desde el canal expulsor hacia una cuneta excavada junto a la vía.

Cabina de la locomotora

La máquina quitanieves va dejando la vía despejada, permitiendo así que los trenes normales circulen con seguridad a través del territorio nevado.

Otros tipos de quitanieves

En las zonas en donde las nevadas son ligeras, se utilizan quitanieves más sencillas. Estas palas quitanieves dependen de la fuerza motriz de la locomotora para mover la nieve.

Una quitanieves Russell aparta la nieve.

La quitanieves Jordan es como una excavadora de nieve.

¿Qué es un tren automático?

Los trenes de pasajeros controlados por computadora llevan a millones de personas diariamente a las ciudades de todo el mundo. A pesar de que la mayoría de estos trenes aún los llevan conductores, éstos no podrían hacerlo sin la ayuda de computadoras que trabajan de manera conjunta para asegurar que los trenes circulen con rapidez y seguridad. Y en unas pocas líneas férreas, como el sistema de tránsito rápido de la zona de la bahía de San Francisco y en Dallas —aeropuerto de Fort Worth—, Texas, ambos en Estados Unidos, las computadoras también guían los trenes. Las personas únicamente controlan la actuación de las computadoras. En el futuro, los sistemas completamente automatizados pueden contribuir a aliviar la congestión que acosa a muchas grandes ciudades.

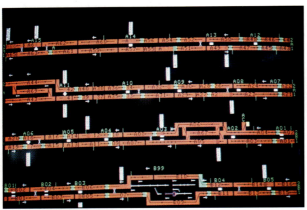

En Estados Unidos, una pantalla, en la sala de control del Metrorail, en Washington D.C., muestra las vías *(naranja)* y los trenes *(blanco)*.

El personal de la sala de control central del Metrorail observa los movimientos de los trenes en las pantallas de ordenador que se hallan sobre sus cabezas.

Sistema de operación automática

Tres tipos diferentes de computadoras deciden cuándo un tren automático debe arrancar, parar y abrir las puertas. La computadora central va verificando los horarios del tren y pasa la información a las computadoras locales a lo largo del camino. Éstas controlan la posición y la velocidad del tren y envían órdenes operativas a las computadoras de cada tren.

Neumático

Rueda guía

Computadora de a bordo

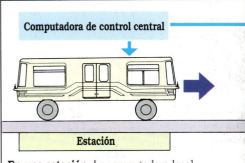

Computadora de control central

Estación

En una estación. La computadora local comprueba si el tramo está libre. Si es así, avisa a la computadora de a bordo que ponga el tren en marcha.

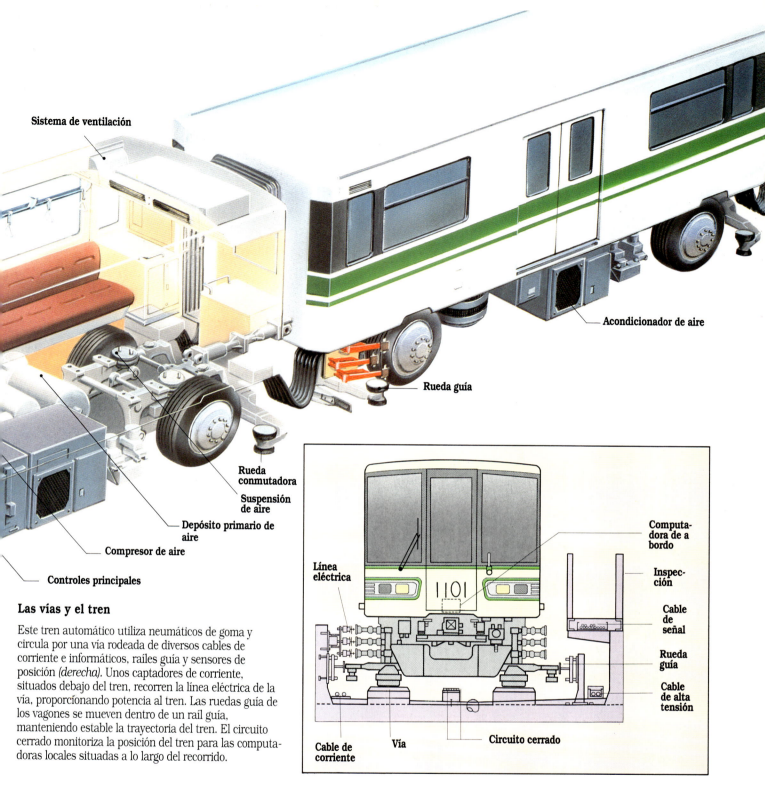

Sistema de ventilación

Acondicionador de aire

Rueda guía

Rueda conmutadora

Suspensión de aire

Depósito primario de aire

Compresor de aire

Controles principales

Las vías y el tren

Este tren automático utiliza neumáticos de goma y circula por una vía rodeada de diversos cables de corriente e informáticos, raíles guía y sensores de posición *(derecha)*. Unos captadores de corriente, situados debajo del tren, recorren la línea eléctrica de la vía, proporcionando potencia al tren. Las ruedas guía de los vagones se mueven dentro de un raíl guía, manteniendo estable la trayectoria del tren. El circuito cerrado monitoriza la posición del tren para las computadoras locales situadas a lo largo del recorrido.

Línea eléctrica

Computadora de a bordo

Inspección

Cable de señal

Rueda guía

Cable de alta tensión

Cable de corriente

Vía

Circuito cerrado

1101

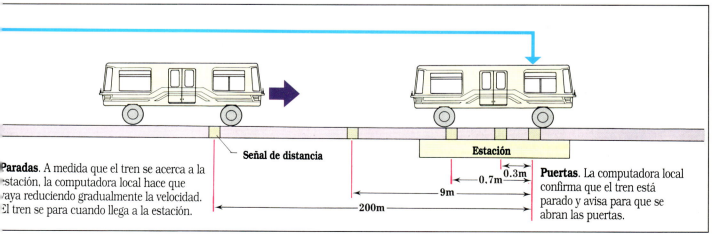

Señal de distancia

Estación

0,3m

0,7m

9m

200m

Paradas. A medida que el tren se acerca a la estación, la computadora local hace que vaya reduciendo gradualmente la velocidad. El tren se para cuando llega a la estación.

Puertas. La computadora local confirma que el tren está parado y avisa para que se abran las puertas.

¿De dónde sacan el aire los metros?

El aire de una estación de metro se volvería desagradablemente caliente y sofocante si no fuera por un sistema de conductos de ventilación y de ventiladores *(abajo)*. Una serie de grandes ventiladores de aire traen aire fresco del exterior a la estación a través de una estructura que está a nivel del suelo. Un ventilador bombea aire fresco al primer sótano mientras que un extractor expele aire viciado a la superficie a través de una segunda estructura. Otro ventilador de entrada mantiene en el andén de espera una atmósfera agradable, y un tercero suministra aire fresco al túnel que sale de la estación. Los trenes que entran en la estación contribuyen a expulsar el aire viciado fuera del túnel y del andén donde esperan los viajeros.

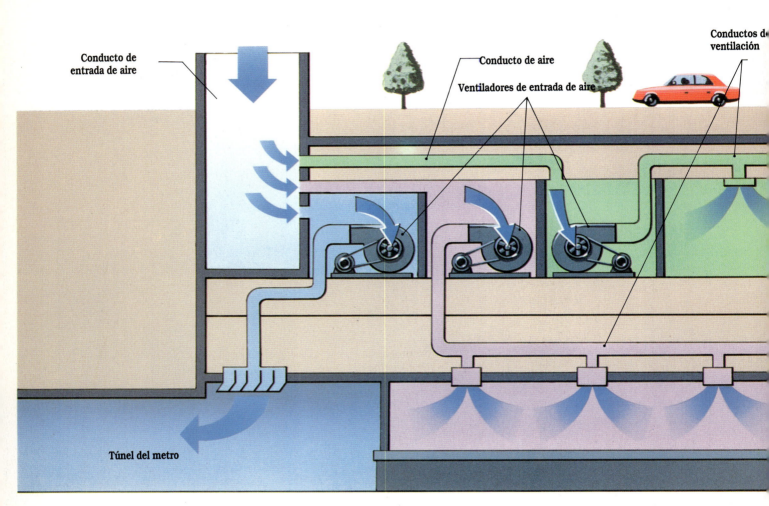

Conducto de entrada de aire

Conducto de aire

Ventiladores de entrada de aire

Conductos de ventilación

Túnel del metro

Ventiladores de entrada y extractores

Todas las estaciones de metro tienen un ventilador de entrada que trae aire fresco desde la superficie y un extractor que expele el aire viciado *(derecha)*. El aire que llega al metro por el sistema de entrada pasa a través de un filtro para eliminar el polvo antes de que entre en la estación. El conducto de escape está provisto de un silenciador para amortiguar el zumbido de los grandes extractores. El aislamiento del conducto de escape reduce la vibración, lo que también contribuye a hacer más silencioso el sistema de ventilación.

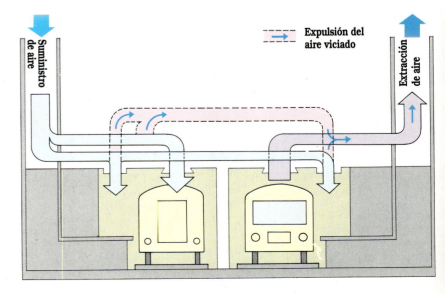

Suministro de aire

Expulsión del aire viciado

Extracción de aire

Estructura del conducto de aire. Éste está disimulado en forma de edificio decorativo.

Sistema silenciador. Las paredes del interior de los conductos de aire amortiguan el ruido de los ventiladores.

Extractores. Diversos extractores de gran tamaño ventilan una estación de metro.

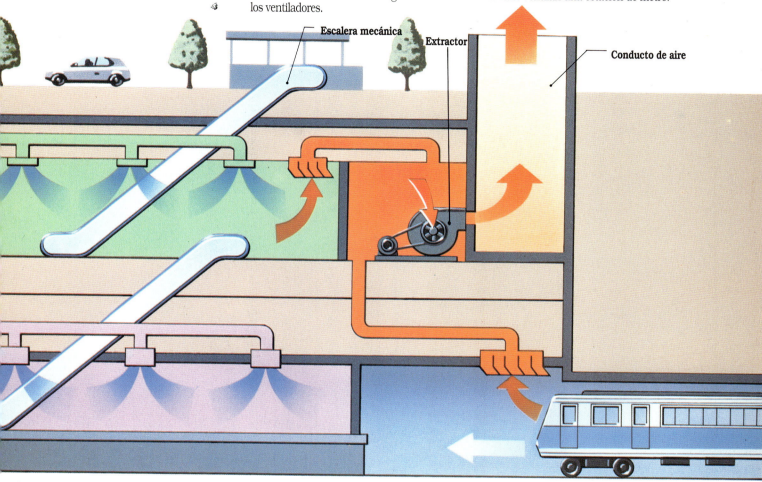

Escalera mecánica

Extractor

Conducto de aire

Ventilación del túnel

Los túneles del metro entre cada estación también disponen de respiraderos de entrada de aire y de conductos de escape para absorber el exceso de calor del sistema *(abajo, a la izquierda)*. Los trenes expulsan parte del aire viciado fuera de los túneles y los extractores proporcionan el resto de la ventilación *(abajo, a la derecha)*. Los conductos también crean una salida para las fuertes corrientes de aire que pueden formarse cuando el tren adquiere velocidad.

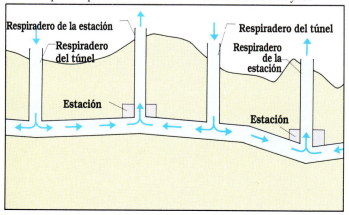

Respiradero de la estación

Respiradero del túnel

Respiradero del túnel

Respiradero de la estación

Estación

Estación

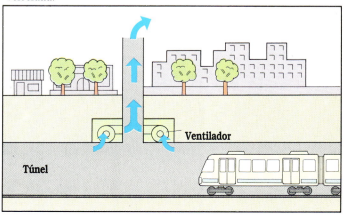

Ventilador

Túnel

¿Cómo pueden correr los monorraíles sobre un raíl?

No todos los trenes corren sobre raíles de hierro paralelos. Los trenes monorraíles, que descansan sobre un único travesaño (o cuelgan de él), han estado transportando carga y pasajeros desde 1824. Actualmente, los monorraíles se usan como trenes de pasajeros y turísticos en diversas ciudades de todo el mundo. Unas ruedas de goma guían el monorraíl a lo largo de una única viga de hormigón que contiene la vía y las líneas de corriente eléctrica. Algunos monorraíles se asientan sobre la vía, encabalgados sobre ella como una alforja *(abajo)*. Otros cuelgan de un travesaño superior y tienen aspecto de farola gigante. A pesar de que los monorraíles requieren menos espacio que los trenes que van sobre dos raíles, resultan mucho más complicados de construir.

Monorraíl del tipo encabalgado

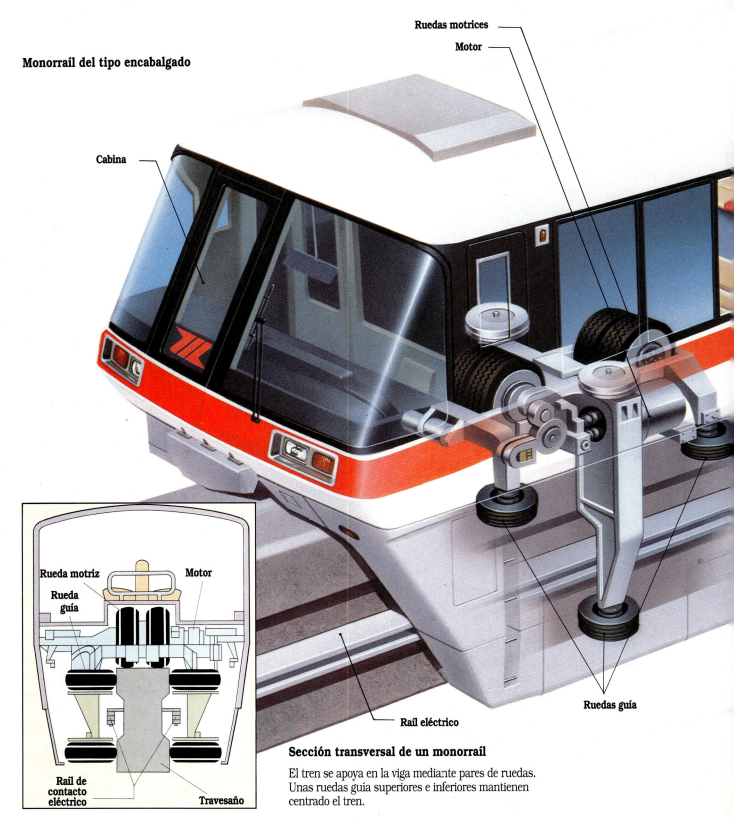

Ruedas motrices

Motor

Cabina

Rueda motriz

Motor

Rueda guía

Raíl de contacto eléctrico

Travesaño

Raíl eléctrico

Ruedas guía

Sección transversal de un monorraíl

El tren se apoya en la viga mediante pares de ruedas. Unas ruedas guía superiores e inferiores mantienen centrado el tren.

Monorraíl estándar. Un monorraíl del tipo encabalgado, con 18 coches automáticos, cubre una distancia de 5 kilómetros en Stuttgart, Alemania.

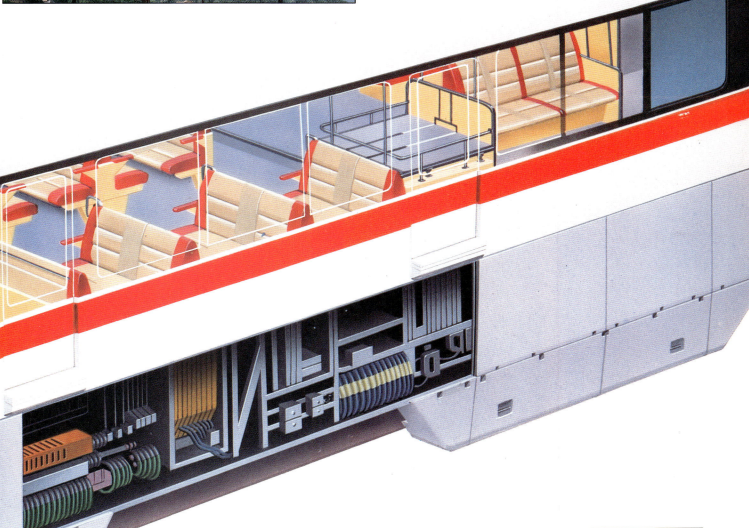

Este monorraíl suspendido *(derecha)*, construido en 1986, funciona todo el año en un zoo al aire libre en Tampa, Florida (Estados Unidos).

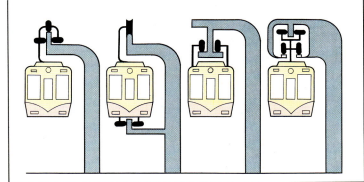

Monorraíles suspendidos

Algunos monorraíles cuelgan de soportes superiores (abajo se muestran distintos tipos). El rail que los aguanta proporciona fluido eléctrico a los vagones y apoyo para sus ruedas.

¿Qué es un funicular?

Cuando las colinas son demasiado empinadas para los trenes normales, se utilizan cables para que los vagones puedan subir y bajar con seguridad. Los ferrocarriles funiculares modernos transportan a las personas por los flancos de las montañas y a través de profundas gargantas. Algunos funiculares se desplazan sobre vías *(derecha)*, mientras que otros cuelgan de cables aéreos (teleféricos). Todos disponen de algún medio de sujeción a un cable móvil que va de estación a estación. En algunos tranvías funiculares, como los de San Francisco, en Estados Unidos, una persona se encarga de accionar la sujeción mecánica conectada a un cable que va por debajo del suelo. Para parar el coche, se suelta la sujeción. El cable siempre permanece en movimiento.

Un tranvía sube a los pasajeros por una cuesta de San Francisco.

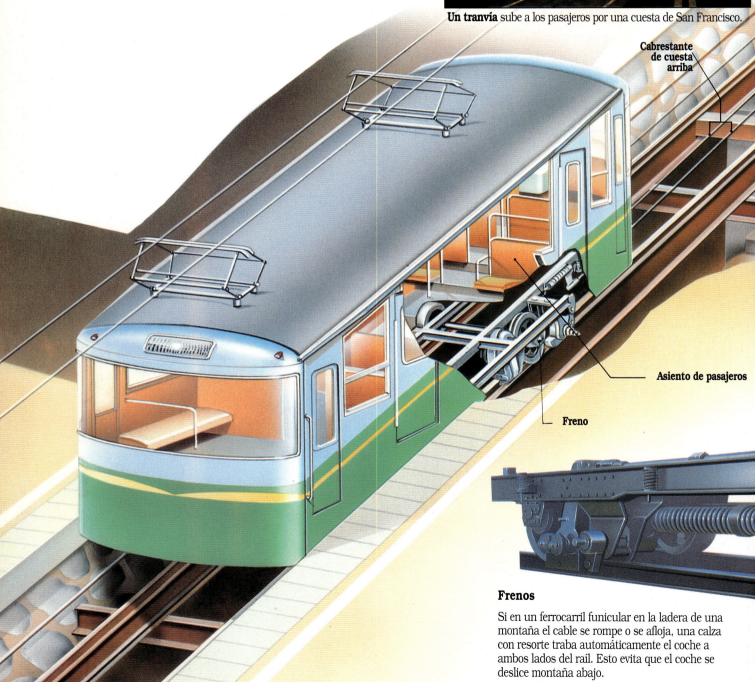

Cabrestante de cuesta arriba

Asiento de pasajeros

Freno

Frenos

Si en un ferrocarril funicular en la ladera de una montaña el cable se rompe o se afloja, una calza con resorte traba automáticamente el coche a ambos lados del rail. Esto evita que el coche se deslice montaña abajo.

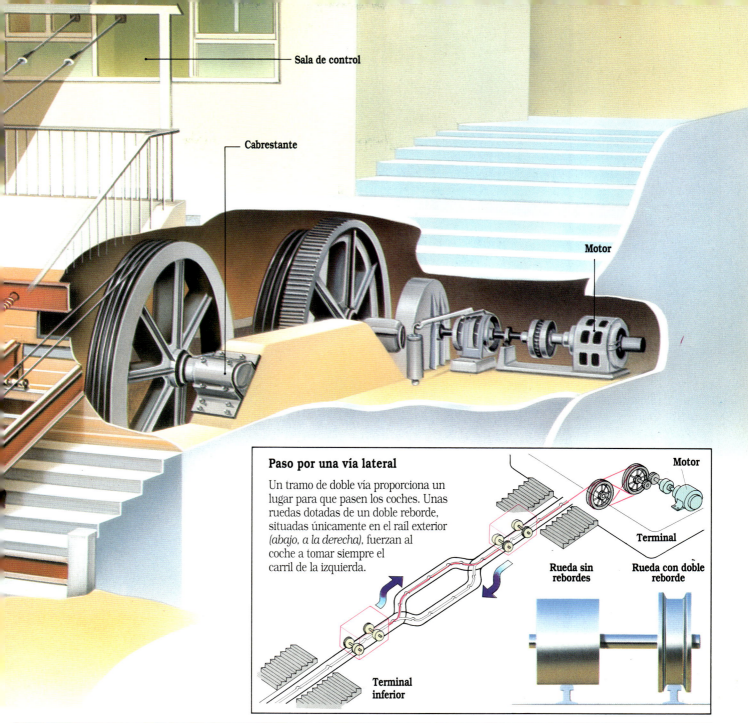

Sala de control

Cabrestante

Motor

Paso por una vía lateral

Un tramo de doble vía proporciona un lugar para que pasen los coches. Unas ruedas dotadas de un doble reborde, situadas únicamente en el rail exterior *(abajo, a la derecha)*, fuerzan al coche a tomar siempre el carril de la izquierda.

Motor

Terminal

Rueda sin rebordes

Rueda con doble reborde

Terminal inferior

Teleféricos

Los teleféricos aéreos suben y bajan de la montaña suspendidos de dos cables. Las ruedas de la cabina se mueven sobre un cable fijo de apoyo *(arriba, a la izquierda)*. Unas sujeciones se fijan al cable móvil, que arrastra la cabina de una estación a otra. En cada estación los raíles guía sueltan estas sujeciones y sacan la cabina de los cables. Cuando la cabina está dispuesta para salir de nuevo, pasa del rail guía a los cables. Un contrapeso situado en la estación que está al pie de la colina mantiene tensos los cables.

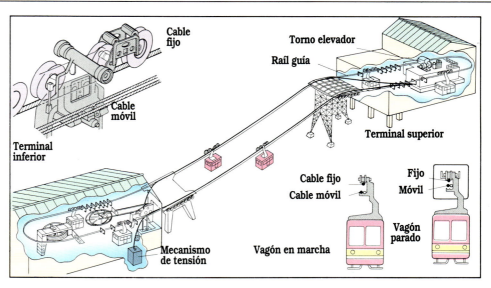

Cable fijo

Torno elevador

Raíl guía

Cable móvil

Terminal inferior

Terminal superior

Cable fijo
Cable móvil

Fijo
Móvil

Vagón parado

Mecanismo de tensión

Vagón en marcha

¿Cómo funcionan los supertrenes?

Para poder competir con el transporte aéreo, los trenes han tenido que hacerse más veloces. Actualmente, los trenes de alta velocidad viajan a velocidades cercanas a los 300 kilómetros por hora. A pesar de que resulta lento, comparado con la velocidad de crucero de un reactor, los supertrenes transportan a bastantes más pasajeros y, además, pueden llevarlos hasta el centro de una ciudad, en lugar de dejarlos a muchos kilómetros de distancia, en un aeropuerto. En Japón, los trenes de alta velocidad transportan a 300.000 personas cada día entre las principales ciudades. Gran Bretaña, Francia, Alemania y España también disponen de sistemas de trenes de alta velocidad muy populares.

Los supertrenes deben su velocidad a su diseño aerodinámico avanzado, a sus motores eléctricos de alta eficiencia, a sus sistemas de suspensión mejorada y a nuevas técnicas en la colocación de las vías, que reducen la vibración al mínimo. Los largos tramos rectos y las curvas largas y peraltadas le permiten al tren alcanzar velocidades de crucero máximas. Los sistemas automáticos y computerizados de control del tren contribuyen a aumentar la seguridad de estos viajes a altas velocidades.

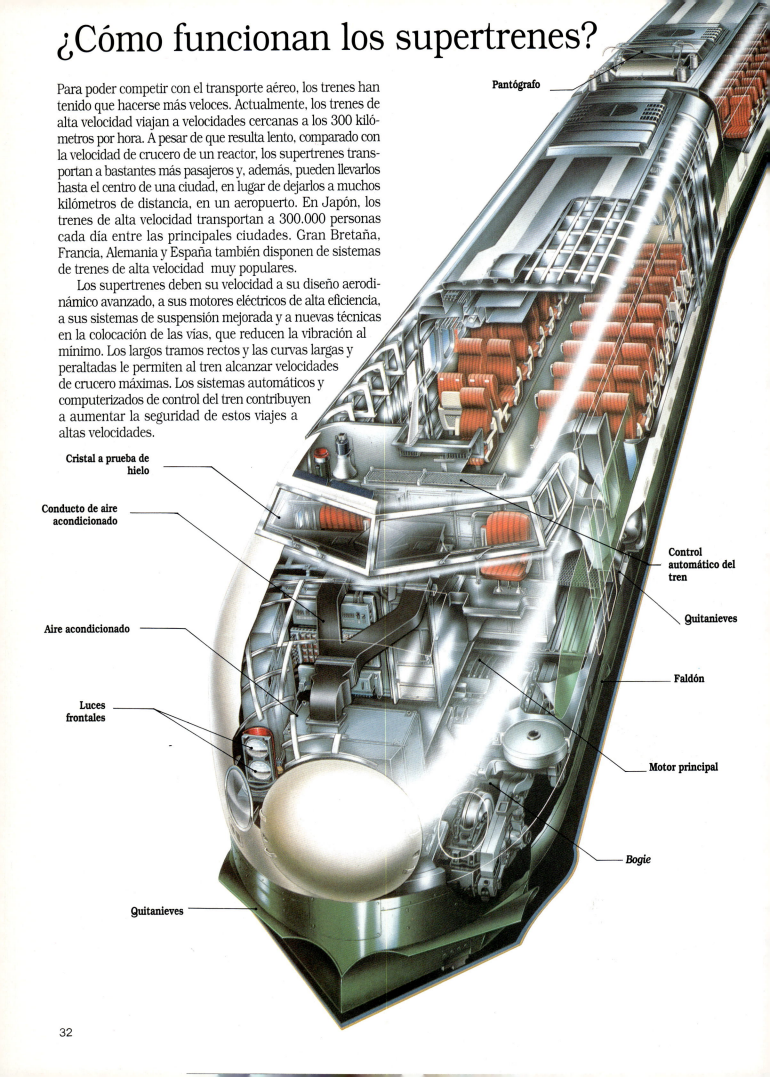

Pantógrafo

Cristal a prueba de hielo

Conducto de aire acondicionado

Aire acondicionado

Luces frontales

Control automático del tren

Quitanieves

Faldón

Motor principal

Bogie

Quitanieves

Bogie

Los dos motores eléctricos de cada *bogie* dirigen las ruedas. Los frenos de disco están alineados con aleaciones resistentes al calor. La suspensión de amortiguador de aire proporciona un viaje suave, sin sacudidas.

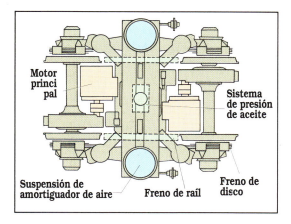

Motor principal

Sistema de presión de aceite

Suspensión de amortiguador de aire

Freno de raíl

Freno de disco

Pantógrafo

El pantógrafo obtiene energía a través del conducto conectado a las líneas eléctricas superiores. Su pequeña armazón, en forma de rombo, proporciona potencia y reduce la resistencia.

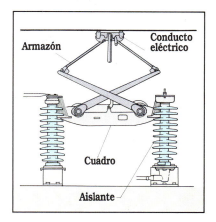

Armazón

Conducto eléctrico

Cuadro

Aislante

Construcción de raíles largos

Para conseguir un viaje más suave, los trenes de alta velocidad corren sobre raíles de una longitud de 1.486 metros. Las junturas entre los raíles se expanden y contraen ligeramente debido a los cambios de temperatura.

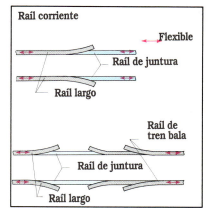

Raíl corriente

Flexible

Raíl de juntura

Raíl largo

Raíl de tren bala

Raíl de juntura

Raíl largo

El tren bala

Los trenes bala japoneses, o línea de Shinkansen, constituyen el primer sistema de trenes de alta velocidad en funcionamiento. Cuando en 1964 se inauguró la línea, los trenes recorrían los 553 kilómetros de Tokio a Osaka en algo más de 3 horas, a una velocidad media de 160 kilómetros por hora. Actualmente, la línea Shinkansen tiene 263 trenes diarios, cada uno con 1.300 plazas, y el viaje de Tokio a Osaka dura 2 horas y 52 minutos, con una velocidad punta de 219 kilómetros por hora.

Como otros trenes de alta velocidad, los trenes bala se diseñan con un morro prominente para disminuir el ruido y el rozamiento. Las ventanas son irrompibles, a fin de que puedan soportar cambios bruscos de presión cuando el tren entra en los túneles. Y a causa del riesgo de terremotos en Japón, el tren no tiene una locomotora pesada, sino que distribuye su potencia a través de numerosas unidades de energía.

Trenes que baten récords

En 1956 un tren francés alcanzó un récord de velocidad al llegar a los 330 kilómetros por hora. Las ruedas del tren empezaron a vibrar y ya no pudo ir más deprisa. Los expertos proclamaron que los trenes nunca superarían los 400 kilómetros por hora. Estaban equivocados. En 1988, el Intercity Express alemán *(segunda ilustración a la derecha)* fijó un nuevo récord de 405 kilómetros por hora, y en 1990, el Train à Grande Vitesse francés *(derecha)* alcanzó los 515 kilómetros por hora.

El TGV francés

El ICE alemán

¿Cómo serán los trenes del futuro?

Si los ingenieros de Alemania, Japón y Estados Unidos consiguen lo que se proponen, los trenes de la próxima generación no tendrán máquinas ni correrán sobre raíles. De hecho ni siquiera tendrán ruedas, ejes, transmisiones, motores ni frenos. En lugar de eso, flotarán o levitarán sobre un cojín magnético justo por encima de un raíl, y unos electroimanes de alto rendimiento irán tirando de él y empujándolo alternativamente a lo largo de la vía, de modo similar a una tabla de surf que avanza sobre las olas.

Sin ningún rozamiento, excepto la resistencia del viento, que los frene, los trenes por levitación magnética o maglevs alcanzarán velocidades de crucero de 480 kilómetros por hora, o más, y serán capaces de subir las cuestas, en lugar de atravesarlas por túneles de construcción muy costosa. El diseño de las vías hará que los descarrilamientos sean prácticamente imposibles, y sin máquina ni ruedas, los trenes maglev serán muy silenciosos.

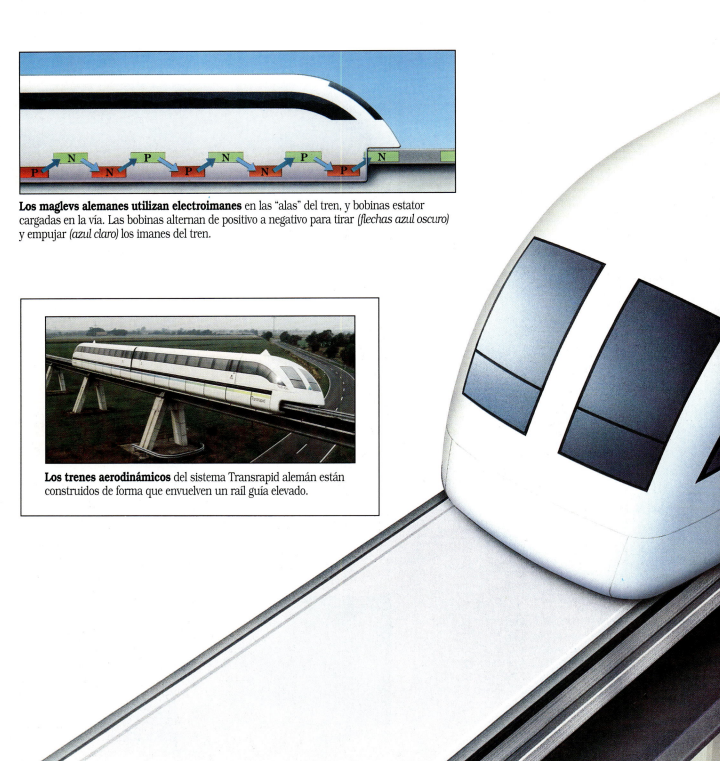

Los maglevs alemanes utilizan electroimanes en las "alas" del tren, y bobinas estator cargadas en la vía. Las bobinas alternan de positivo a negativo para tirar *(flechas azul oscuro)* y empujar *(azul claro)* los imanes del tren.

Los trenes aerodinámicos del sistema Transrapid alemán están construidos de forma que envuelven un raíl guía elevado.

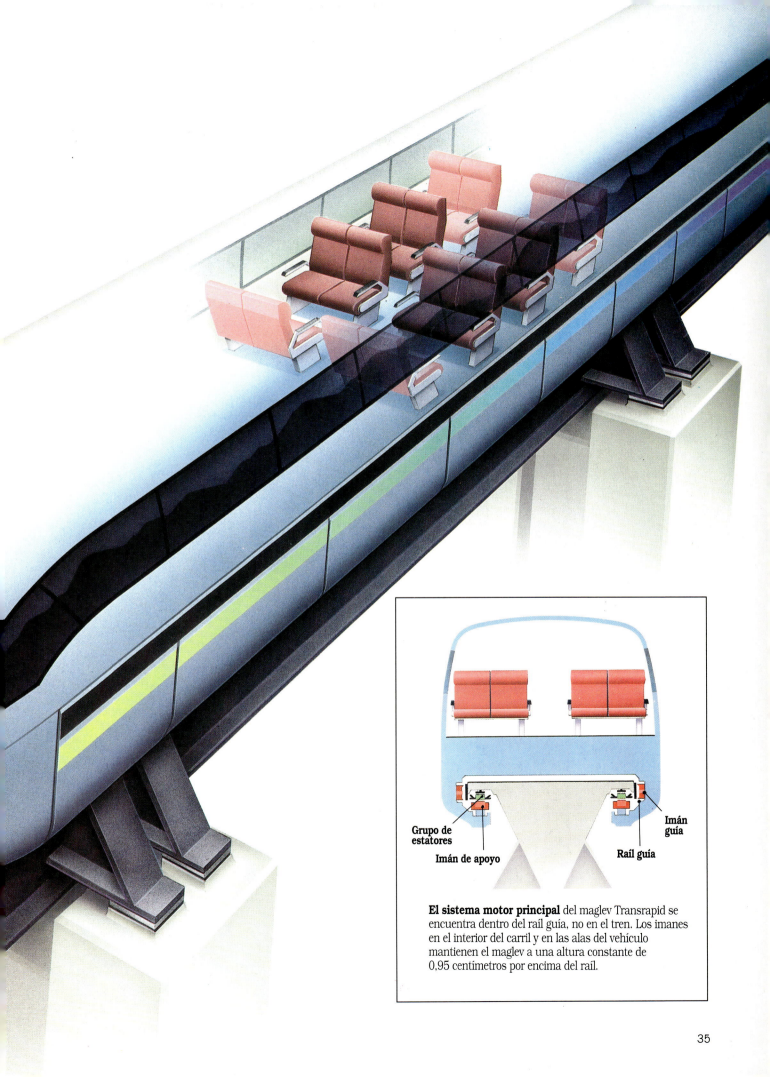

Grupo de estatores

Imán de apoyo

Imán guía

Raíl guía

El sistema motor principal del maglev Transrapid se encuentra dentro del raíl guía, no en el tren. Los imanes en el interior del carril y en las alas del vehículo mantienen el maglev a una altura constante de 0,95 centímetros por encima del raíl.

2

Máquinas que mueven a la humanidad

Durante siglos el hombre ha estado fascinado por la idea del automóvil, un vehículo que se moviera solo. De hecho, eso es lo que la palabra automóvil significa. El primer automóvil, o coche, aparecido en 1769, era un triciclo de vapor inventado por un francés llamado Nicolas-Joseph Cugnot. A pesar de que la máquina de Cugnot era muy poco práctica, inició una cadena de acontecimientos que ha cambiado profundamente el modo en que los seres humanos trabajan, juegan y viven. En la actualidad el coche representa, para todo tipo de personas, un transporte adecuado, cómodo y relativamente barato.

Tantas cosas se han cambiado, rediseñado y mejorado, que Cugnot apenas podría reconocer su invento en los coches de hoy en día. Los ingenieros han añadido asistencia computerizada y han recurrido a nuevos materiales. Nuevos combustibles, nueva aerodinámica, nuevos diseños de neumáticos y nuevas tecnologías han convertido al coche —bajo sus múltiples formas— en algo indispensable en la vida de millones de personas. En este capítulo se estudiará el funcionamiento interno de esta compleja máquina y se examinará el espíritu de invención y aventura que lo ha colocado en todas las calles de todos los países del mundo.

Las ruedas, como las máquinas que mueven, se presentan en múltiples diseños, medidas y materiales. La construcción de las ruedas contribuye en gran medida al funcionamiento seguro y eficiente de un vehículo.

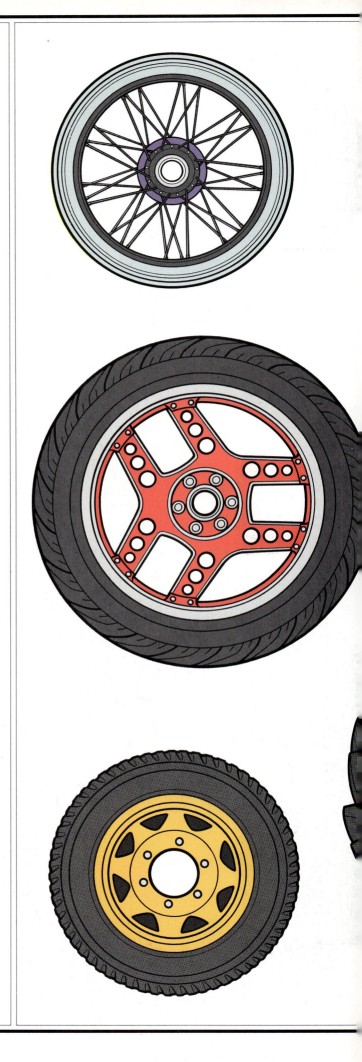

¿Quién construyó el primer coche?

Los primeros inventores intentaron propulsar vehículos autónomos mediante viento o un chorro de vapor. Pero en 1769, el oficial de artillería francés Nicolas-Joseph Cugnot construyó lo que los historiadores consideran el primer coche *(abajo)*. Su vehículo, de tres ruedas, obtenía la energía de una caldera, calentada por carbón, que impulsaba dos cilindros alternos, con bielas fijadas a la rueda frontal *(abajo, inferior)*. Este invento alcanzaba casi los 5 kilómetros por hora, pero era difícil de conducir, puesto que el timón tenía que mover la pesada caldera junto a la rueda frontal. Esto le proporcionó a Cugnot otro lugar en la historia: en su primera salida, la máquina chocó contra una pared, produciéndose el primer accidente automovilístico de la historia.

El notable coche de vapor de Cugnot

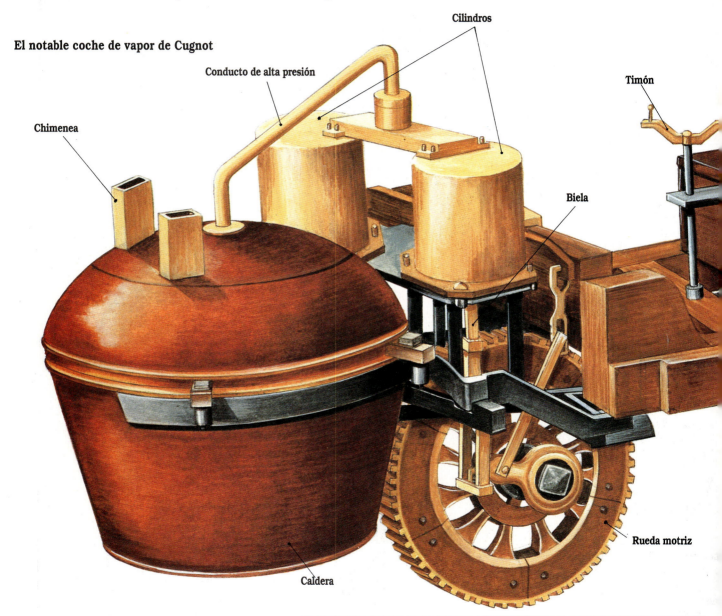

Cilindros

Conducto de alta presión

Timón

Chimenea

Biela

Caldera

Rueda motriz

Impulsado por vapor de alta presión

El vapor procedente de la caldera montada en la parte anterior, pasaba, a través de conductos de alta presión, alternativamente a dos cilindros, uno a cada lado de la rueda frontal. En cada cilindro, el vapor bajaba la biela hasta presionar en el cigüeñal al lado de la rueda *(derecha)*. En el impulso hacia arriba *(al fondo derecha)*, un trinquete dentro de la rueda le permitía girar al tiempo que la biela tiraba del cigüeñal hacia arriba. Un travesaño balanceante unía los dos cilindros y los mantenía en funcionamiento conjunto a ritmo alterno.

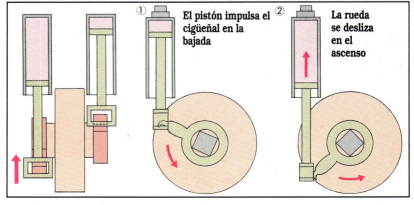

① El pistón impulsa el cigüeñal en la bajada

② La rueda se desliza en el ascenso

Coche de vapor de Cugnot visto desde arriba

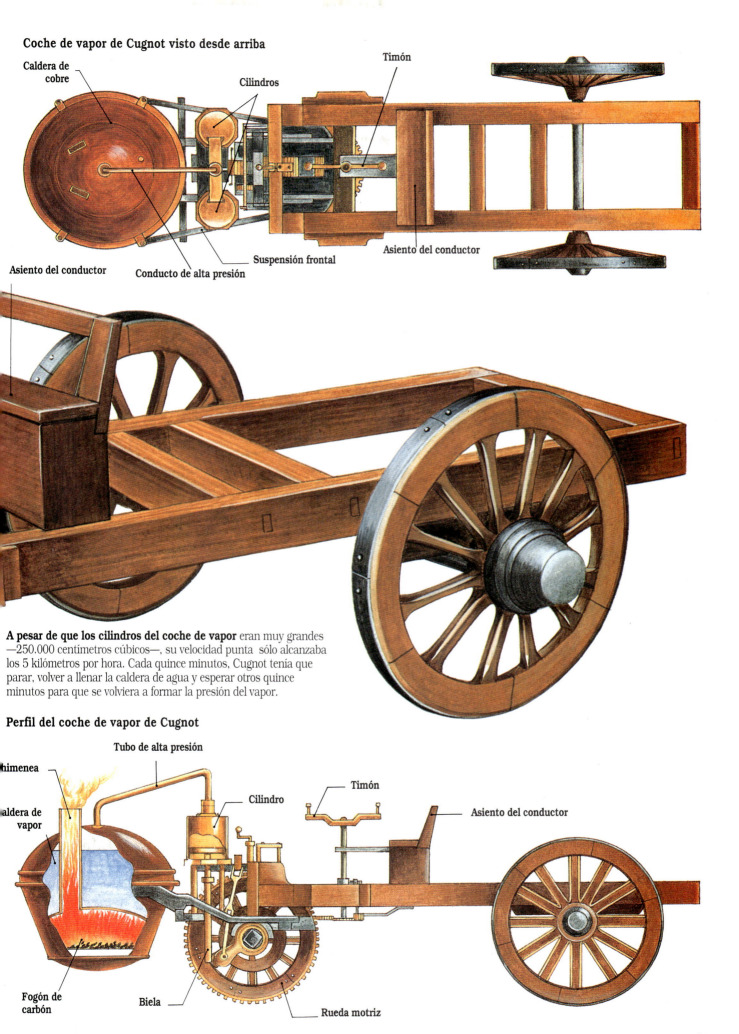

Caldera de cobre

Cilindros

Timón

Asiento del conductor

Suspensión frontal

Asiento del conductor

Conducto de alta presión

A pesar de que los cilindros del coche de vapor eran muy grandes
—250.000 centímetros cúbicos—, su velocidad punta sólo alcanzaba
los 5 kilómetros por hora. Cada quince minutos, Cugnot tenía que
parar, volver a llenar la caldera de agua y esperar otros quince
minutos para que se volviera a formar la presión del vapor.

Perfil del coche de vapor de Cugnot

Tubo de alta presión

Chimenea

Timón

Cilindro

Asiento del conductor

Caldera de vapor

Fogón de carbón

Biela

Rueda motriz

¿De dónde obtiene un coche su energía?

Un coche puede considerarse como un dispositivo mecánico que obtiene energía de la gasolina para poder girar sus ruedas de forma controlada. La gasolina se hace llegar a cada uno de los cilindros del motor *(abajo)* sucesivamente. Dentro de cada cilindro, la gasolina se quema. La energía que se desprende del combustible mueve el pistón del cilindro. El pistón, empujado dentro de su cilindro, como un puño en su manga, transfiere la energía a través del cigüeñal al embrague, que controla la tracción.

Los engranajes de la transmisión pasan el movimiento giratorio del cigüeñal al mecanismo de tracción. La barra giratoria de transmisión, unida a los engranajes del diferencial, no sólo transfiere energía a los ejes de tracción —que están montados en ángulo recto respecto a la barra—, sino que también permite que la rueda izquierda y derecha giren a diferente velocidad cuando es necesario, como, por ejemplo, cuando el coche sigue el trazado de una curva.

Anatomía del tren de potencia de un coche

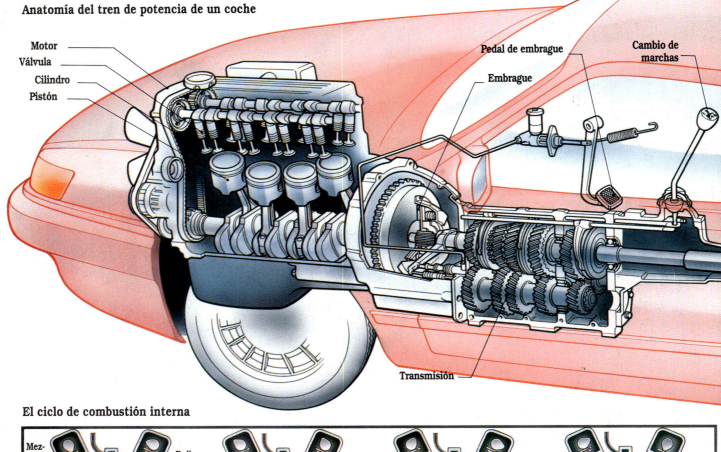

El ciclo de combustión interna

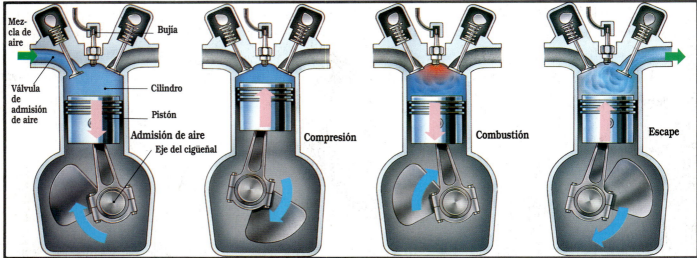

Durante el tiempo de admisión, el pistón baja y entra en el cilindro una mezcla de gasolina y aire. A medida que el pistón sube, se comprime la mezcla. Cuando la chispa de la bujía prende la mezcla, la combustión de la gasolina fuerza el pistón hacia abajo. Cuando el pistón se eleva de nuevo, empuja a los gases por la válvula de escape.

Mezcla de gases explosivos de gasolina

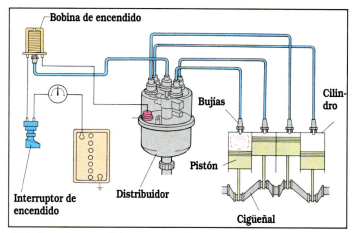

Carburador

Flotador

Bomba de combustible

Pistón

Acelerador

Depósito de gasolina

El acelerador hace que el carburador mezcle la gasolina con el aire, produciendo gases combustibles. Los gases van a parar a continuación a los cilindros, donde la chispa de las bujías los enciende.

La chispa de la explosión

Bobina de encendido

Bujías

Cilindro

Pistón

Interruptor de encendido

Distribuidor

Cigüeñal

La bobina de encendido convierte el bajo voltaje de la batería en alto voltaje. El distribuidor envía esta corriente a las bujías, las cuales encienden la mezcla combustible en los cilindros.

Barra de transmisión

Un engranaje para controlar movimientos desiguales

Para que un coche pueda frenar suavemente en una curva, las ruedas situadas en la parte externa deben girar más deprisa —y recorrer más distancia— que las ruedas interiores. Esto se hace posible mediante el diferencial. Este intricado ensamblaje de engranajes, ruedas dentadas y piñones, que conecta la barra de transmisión con los ejes posteriores, controla las velocidades de rotación de ambos ejes, e incluso les permite girar a diferente velocidad cuando es necesario.

Piñón de ataque

Satélite

Planetario

Corona

Piñón

Semieje o palier

¿Cómo funciona una motocicleta?

Del mismo modo que un coche, una moto quema gasolina para producir energía y propulsarse a sí misma. La diferencia esencial es que una moto mantiene el equilibrio sobre dos ruedas. La fuerza del motor se transmite a la rueda trasera. A pesar de que su motor a menudo tiene menos caballos de potencia, el diseño estilizado de la moto y su menor peso le permiten alcanzar velocidades tan altas como las de un coche. Además, las motos, en general, aceleran más deprisa y son más ágiles en las carreteras estrechas y los terrenos irregulares.

Anatomía de una motocicleta

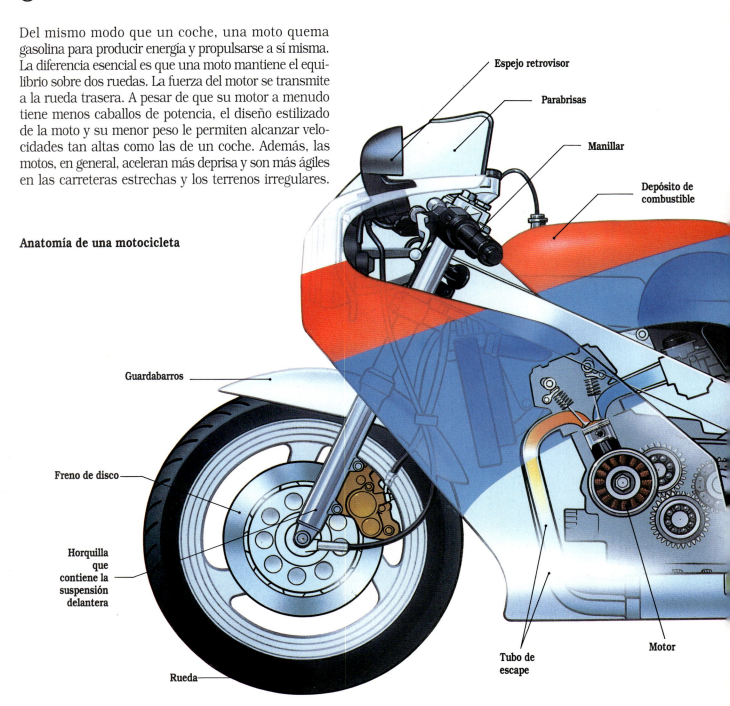

Espejo retrovisor

Parabrisas

Manillar

Depósito de combustible

Guardabarros

Freno de disco

Horquilla que contiene la suspensión delantera

Rueda

Tubo de escape

Motor

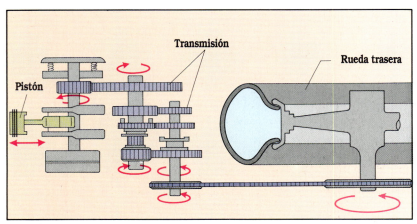

Pistón

Transmisión

Rueda trasera

Cómo llega la energía a la rueda

El motor de una motocicleta funciona de modo muy similar al de un coche. La combustión del carburante en los cilindros del motor impulsa los pistones *(al fondo, a la izquierda)*, los cuales hacen girar el cigüeñal. La transmisión *(izquierda)* transfiere el movimiento circular del cigüeñal a la cadena, que hace girar la rueda posterior. Puesto que el movimiento circular del motor es demasiado rápido para ser enviado directamente a la rueda posterior, su velocidad debe ser reducida a través de los engranajes de la transmisión. En último término, la rueda posterior gira en una proporción de una rotación completa para cada dos rotaciones del cigüeñal.

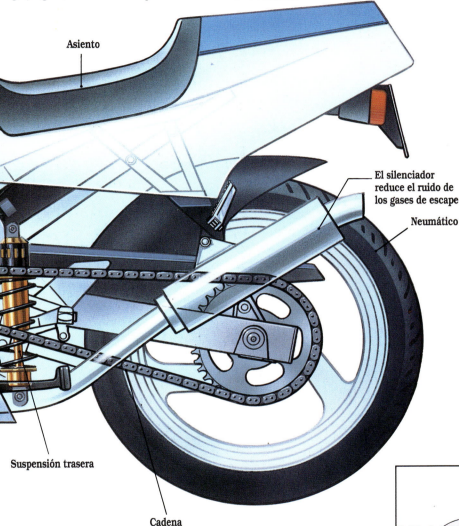

Ágil y ligera, una motocicleta puede alcanzar altas velocidades.

Asiento

El silenciador reduce el ruido de los gases de escape

Neumático

Suspensión trasera

Cadena

Facilita la marcha

El sistema de suspensión por amortiguadores de la motocicleta, instalado en ambas ruedas, protege al motorista y al motor del impacto de las irregularidades del terreno.

Suspensión delantera

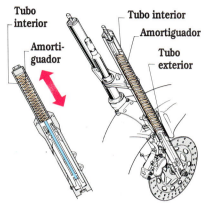

Tubo interior

Amortiguador

Tubo interior

Amortiguador

Tubo exterior

Unos amortiguadores que absorben el impacto, encajados en horquillas huecas rellenas con aceite, reducen la vibración.

Suspensión trasera

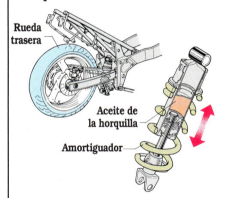

Rueda trasera

Aceite de la horquilla

Amortiguador

Este amortiguador trasero está montado en el bastidor. Algunas motos llevan dos amortiguadores traseros.

Energía extra de un motor de dos tiempos

Los motores de cuatro tiempos, que normalmente se hallan en los coches, emplean un proceso que consta de cuatro fases: admisión de aire, compresión, combustión y escape. Estas etapas requieren dos rotaciones completas de los pistones, produciendo una combustión controlada cada segunda vez que el pistón sube. El motor de dos tiempos de una motocicleta *(derecha)* realiza los mismos procesos en cada circuito completo del pistón: admisión y compresión cuando el pistón sube *(derecha)*, seguido de combustión y escape *(al fondo, a la derecha)* al tiempo de bajada. Esto debería hacer del motor de dos tiempos el doble de potente que uno de cuatro tiempos funcionando a las mismas revoluciones por minuto (rpm). El tamaño del motor y el rozamiento reducen la ventaja, pero de todas maneras el motor de dos tiempos sigue siendo una vez y media más potente que el de cuatro tiempos.

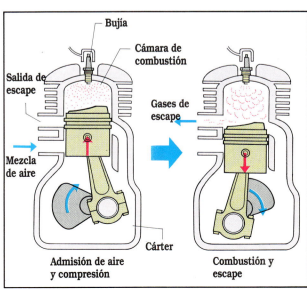

Bujía

Cámara de combustión

Salida de escape

Gases de escape

Mezcla de aire

Cárter

Admisión de aire y compresión

Combustión y escape

¿Cómo funcionan los frenos del coche?

Los dos tipos básicos de sistemas de frenado —frenos de tambor y frenos de disco— detienen el coche al originar un rozamiento en sus ruedas. Los frenos de tambor producen el rozamiento al presionar unos cojinetes contra el interior de un tambor que se encuentra en la rueda *(abajo, página de enfrente)*. Los frenos de disco, que son más recientes y populares, simplemente sujetan un disco entre dos cojinetes *(abajo)*. En ambos sistemas de frenado, cuando el conductor oprime el pedal del freno, unos tubos llenos de líquido, llamados cables de freno *(abajo)*, trasladan la presión a los frenos.

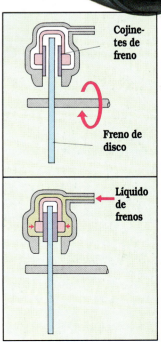

Depósito de líquido de frenos

Freno de disco

Cilindro principal

Pedal de freno

Cojinetes de freno

Freno de disco

Líquido de frenos

Ejerce presión sobre un disco

El freno de disco *(izquierda)* consta de un calibrador (1) que sostiene cojinetes de freno (2) a ambos lados de un disco (3) sujeto con tornillos a la rueda. Cuando el conductor oprime el pedal del freno, el calibrador aprieta los cojinetes contra el disco, reduciendo la velocidad de la rueda. Los frenos de disco son más fiables que los de tambor por dos razones: se enfrían más deprisa y se desprenden antes del agua.

El calibrador del freno cabalga sobre el disco *(arriba a la derecha)* y sostiene los cojinetes. Al pisar gradualmente el pedal de freno, aumenta la presión sobre el líquido *(abajo, a la derecha)*, el cual oprime los cojinetes contra el disco.

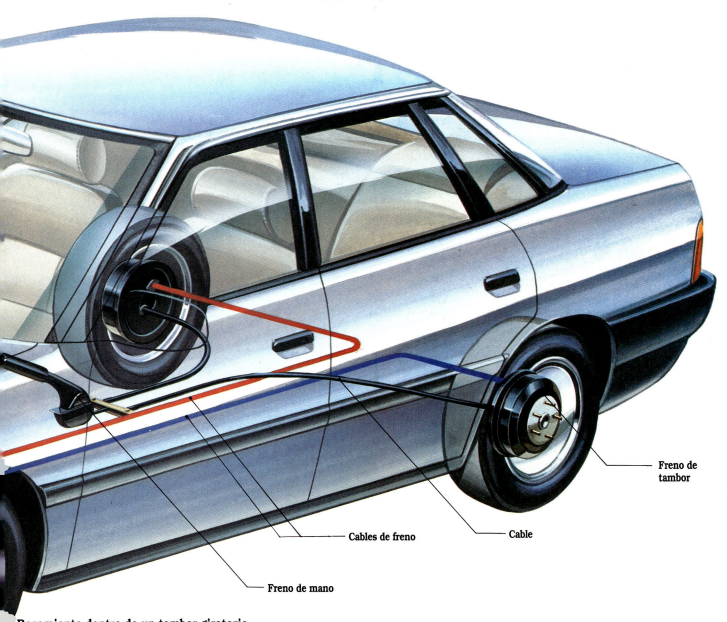

Freno de
tambor

Cable

Cables de freno

Freno de mano

Rozamiento dentro de un tambor giratorio

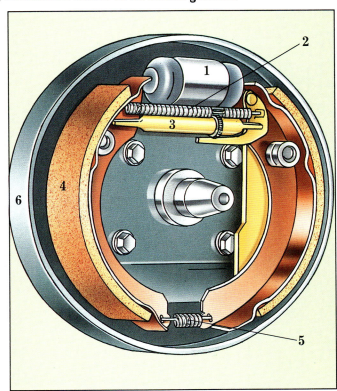

Cuando el pedal del freno está oprimido, el cilindro de la rueda (1) separa las zapatas del freno (4 y su compañera), girando sobre el anclaje (5). Las zapatas presionan sobre el tambor (6), unido a la rueda. Cuando se suelta el pedal, el resorte (2) devuelve las zapatas a su posición original. El ajustador (3) se utiliza para fijar la posición de las zapatas.

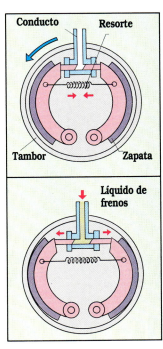

En reposo, el resorte (*arriba, a la derecha*) sostiene las zapatas fuera del tambor giratorio. La presión procedente del líquido de frenos (*abajo, a la derecha*) mueve los pistones en el cilindro de la rueda, presionando las zapatas contra el tambor para reducir la velocidad de la rueda por rozamiento.

¿Qué hace la transmisión?

La transmisión de un coche envía una fuerza giratoria, llamada de torsión, desde el motor a las ruedas. Los engranajes de la transmisión también ajustan esta fuerza, de forma que puede utilizarse para distintos tipos de conducción. Un coche que sube una cuesta, debe hacerlo en una velocidad o marcha inferior que otro que se desplaza por una carretera llana. Las marchas más cortas proporcionan mayor torsión, para mover el coche más lentamente; las marchas más largas proporcionan mayor velocidad.

Toda transmisión es manual o automática. Para cambiar las marchas en un coche con cambio manual (derecha), el conductor, en primer lugar, aprieta el pedal de embrague, liberando el motor de la tracción. A continuación, mueve la palanca de cambio hasta seleccionar otra marcha y deja libre el pedal de embrague, reenganchando la tracción al motor, de forma que la fuerza vuelve a llegar a las ruedas. La transmisión automática mide la posición del acelerador relativa a la velocidad del coche y efectúa el cambio de forma automática.

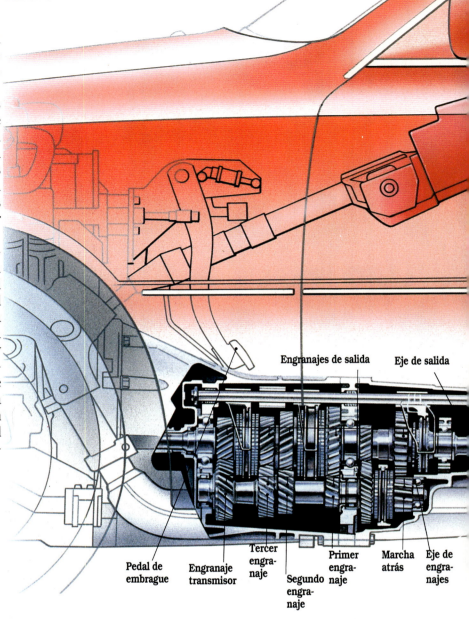

Engranajes de salida · Eje de salida

Pedal de embrague · Engranaje transmisor · Tercer engranaje · Segundo engranaje · Primer engranaje · Marcha atrás · Eje de engranajes

Transmisión manual

Estos diagramas muestran cómo el cambio de marchas realinea los engranajes de la transmisión. Para cada marcha, la fuerza del motor toma un camino distinto (*flechas rojas*) a través de la caja de cambios y ejerce una fuerza diferente sobre las ruedas.

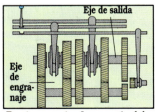

Punto muerto. La energía del motor no llega hasta las ruedas.

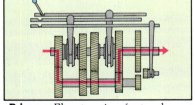

Primera. El engranaje más grande se enlaza con su compañero en el eje opuesto. Lenta, pero potente.

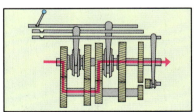

Segunda. El segundo engranaje y el de embrague se encajan. La velocidad máxima está entre 25 y 40 kilómetros.

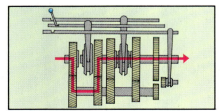

Tercera. El tercer engranaje y el de embrague se encajan para obtener una velocidad mayor a una torsión menor.

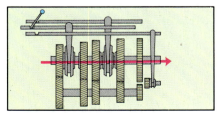

Cuarta. La entrada y la salida encajan para una torsión muy baja y velocidad máxima.

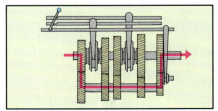

Marcha atrás. El engranaje de la marcha atrás se encaja con el del eje opuesto y los principales engranajes para hacer girar el eje de salida al revés.

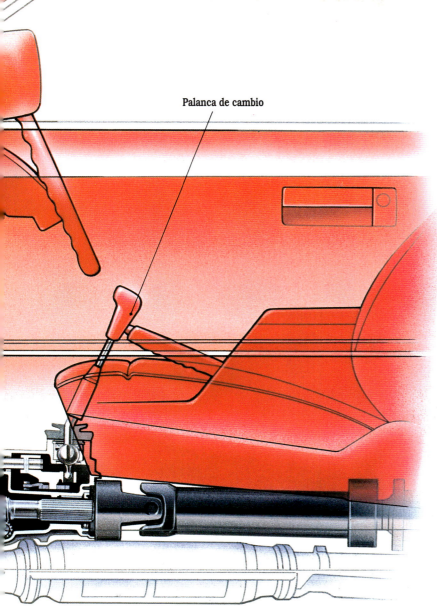

Palanca de cambio

Cómo funciona el acelerador de un motor

Las revoluciones por minuto de un motor (rpm) se determinan por la cantidad de combustible que pasa por el carburador hacia los cilindros. Este flujo de carburante se controla mediante el regulador del carburador, que a su vez es controlado mediante un pedal llamado acelerador, situado en el suelo, frente al conductor.

La presión del pie del conductor sobre el acelerador abre el regulador e incrementa el flujo de carburante. Cuando el conductor disminuye la presión sobre el acelerador, el regulador se cierra y se reduce la cantidad de carburante. Esto hace que desciendan tanto las rpm del motor como la velocidad del vehículo.

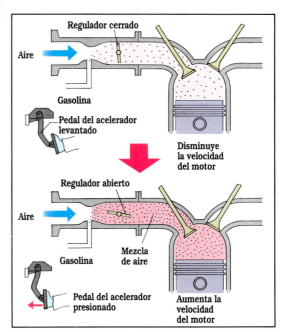

Transmisión automática

La transmisión automática carece de pedal de embrague para uso del conductor. En cambio, el convertidor de torsión y el engranaje planetario *(derecha)* trabajan juntos para separar el motor de la tracción cuando se requiere un cambio de velocidad, así como para reengancharlo una vez que se ha realizado. Cuando el conductor sitúa la palanca de velocidades, la transmisión selecciona automáticamente la marcha, ajustándose al comportamiento del coche.

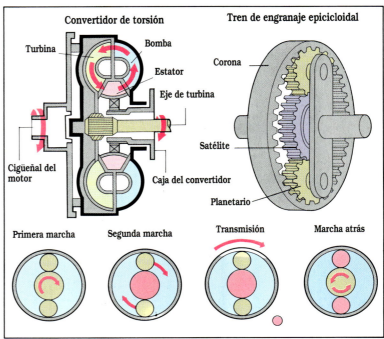

¿Qué significa "tracción en las cuatro ruedas"?

La mayoría de los coches se fabrican con tracción en dos ruedas, lo que envía la potencia del motor solamente a un par de ruedas, ya sea las delanteras o las traseras. La tracción en las cuatro ruedas es un sistema especializado que puede transmitir la potencia del motor a las cuatro ruedas del coche. Esto se hace a través de engranajes y diferenciales adicionales, como se muestra en el gráfico de la derecha.

En los primeros vehículos equipados con tracción en las cuatro ruedas, esta modalidad era opcional, el conductor podía decidir cuándo usarla. Actualmente, sin embargo, algunos coches salen con tracción en las cuatro ruedas permanente, que se activa automáticamente en respuesta a ciertas condiciones de la marcha.

La tracción en dos ruedas (*derecha*) transfiere la potencia del motor (*rosa*) a dos ruedas — aquí, las posteriores—, mientras que la tracción en las cuatro ruedas (*al fondo, a la derecha*) suministra potencia a las cuatro ruedas.

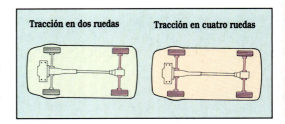

Tracción en dos ruedas   Tracción en cuatro ruedas

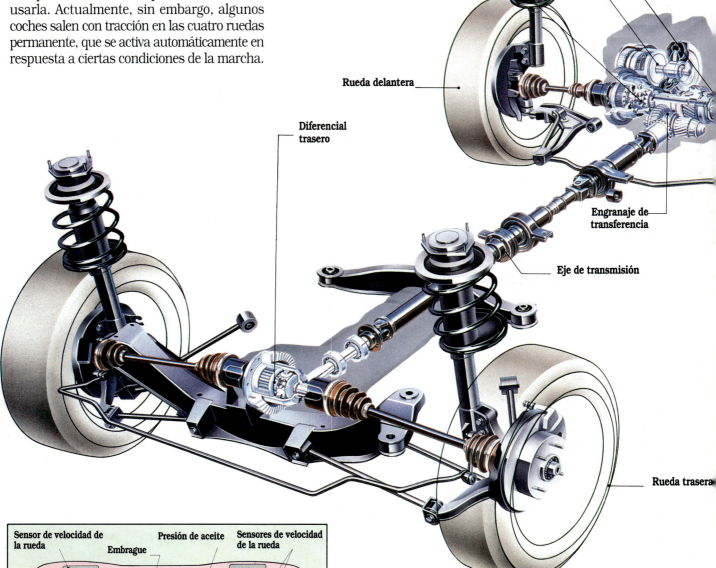

Diferencial central

Transmisión automática

Diferencial delantero

Rueda delantera

Diferencial trasero

Engranaje de transferencia

Eje de transmisión

Rueda trasera

Sensor de velocidad de la rueda

Presión de aceite

Sensores de velocidad de la rueda

Embrague

Sensor

Computadora

Sensor de velocidad de la rueda

Adherirse a la carretera

En superficies resbaladizas o irregulares, la tracción en las cuatro ruedas contribuye a que el coche se desplace con seguridad. Unos sensores monitorizan las velocidades en las cuatro ruedas. Si alguna rueda empieza a patinar, una computadora quita potencia del sensor de esta rueda y lo redistribuye entre las ruedas que están mejor adheridas a la carretera.

Cuatro ruedas a cuatro velocidades

El diferencial central controla la velocidad de giro individual de cada una de las cuatro ruedas. De hecho, si es necesario, permite que cada rueda gire a diferente velocidad, como cuando hay que tomar una curva. Otro engranaje complejo, llamado acoplamiento viscoso, convierte la tracción en las cuatro ruedas en un mecanismo completamente automático, y, por tanto, más seguro.

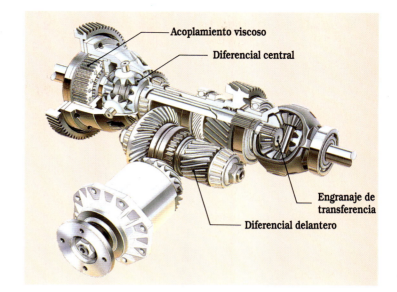

Acoplamiento viscoso

Diferencial central

Engranaje de transferencia

Diferencial delantero

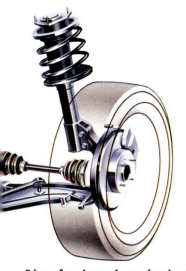

Dentro del acoplamiento viscoso

El acoplamiento viscoso, de unos 10 centímetros de largo, está ocupado por un plato en forma de disco relleno de un líquido espeso de silicio. Los ejes interiores reciben potencia del motor. Los platos exteriores, conectados al eje transmisor, transfieren entonces la potencia a las ruedas posteriores.

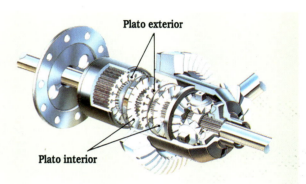

Plato exterior

Plato interior

Cómo funciona el acoplamiento viscoso

Si las ruedas no patinan, tanto los platos interiores como exteriores giran a la misma velocidad. Sin embargo, cuando una rueda comienza a patinar, el incremento de velocidad del plato activa el acoplamiento viscoso. Entonces, el acoplamiento, inunda los platos con su fluido espeso para disminuir la rotación de la rueda. Como resultado, ésta deja de patinar y se restablece la conducción firme. Al mismo tiempo, un plato exterior que ruede más lentamente, impulsado por el plato interior que gira más deprisa, aumenta la velocidad del motor. Así pues, el coche evita patinar sin reducir significativamente su velocidad o fuerza de tracción.

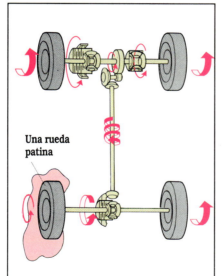

Una rueda patina

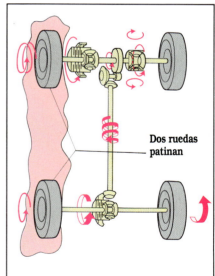

Dos ruedas patinan

Tracción en las cuatro ruedas

En algunos vehículos con tracción en las cuatro ruedas, el conductor utiliza un embrague especial *(palanca rosa)* para pasar de la tracción en dos ruedas a la tracción en cuatro ruedas. Cuando el coche está corriendo con tracción en dos ruedas *(derecha)*, el engranaje de transferencia y el embrague de garras están desconectados, de forma que la potencia se transmite solamente a las ruedas de atrás. En la segunda opción *(al fondo, a la derecha)*, el engranaje de transferencia y el embrague de garras están conectados y se suministra potencia, mediante un segundo eje de transmisión, a las ruedas delanteras.

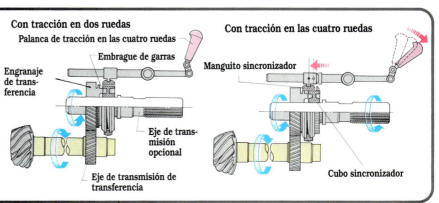

Con tracción en dos ruedas

Palanca de tracción en las cuatro ruedas

Embrague de garras

Engranaje de transferencia

Eje de transmisión opcional

Eje de transmisión de transferencia

Con tracción en las cuatro ruedas

Manguito sincronizador

Cubo sincronizador

¿Qué es la dirección en las cuatro ruedas?

Para conducir un coche normal, el conductor gira el volante y cambia la dirección de las ruedas delanteras, mientras que las traseras siguen orientadas hacia delante. Este sistema estándar se conoce como dirección en dos ruedas. Algunos fabricantes, sin embargo, están haciendo coches con dirección en las cuatro ruedas.

A pesar de que existen diversos sistemas con dirección en las cuatro ruedas, en la mayoría de ellos las ruedas traseras van en la misma dirección que las delanteras en los giros efectuados a alta velocidad. Cuando disminuye la velocidad, la dirección en las cuatro ruedas gira las ruedas traseras en dirección contraria a las delanteras (*arriba, página siguiente*); esto permite giros más cerrados que resultan muy útiles en la conducción urbana o en las zonas de aparcamiento. La mayoría de los tests de carretera de los sistemas de dirección en las cuatro ruedas indican que hacen la conducción más segura. Sin embargo, no se trata de un sistema muy popular, puesto que para muchos conductores sus costes superan sus ventajas.

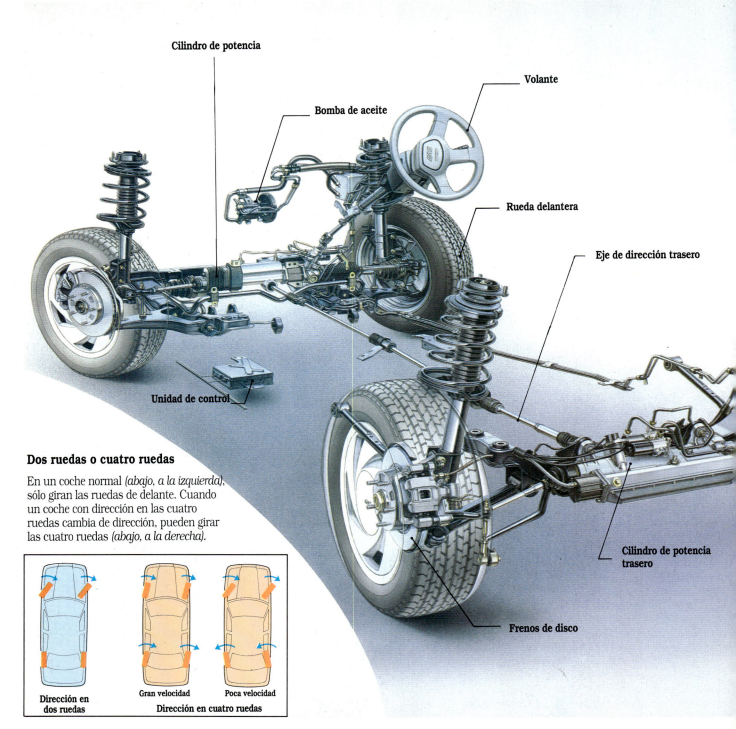

Cilindro de potencia

Bomba de aceite

Volante

Rueda delantera

Eje de dirección trasero

Unidad de control

Cilindro de potencia trasero

Frenos de disco

Dos ruedas o cuatro ruedas

En un coche normal (*abajo, a la izquierda*), sólo giran las ruedas de delante. Cuando un coche con dirección en las cuatro ruedas cambia de dirección, pueden girar las cuatro ruedas (*abajo, a la derecha*).

Dirección en dos ruedas

Gran velocidad

Poca velocidad

Dirección en cuatro ruedas

Cómo se giran las cuatro ruedas

Saliendo del mismo punto *(verde, abajo)*, un coche normal *(azul)* y uno con dirección en las cuatro ruedas *(amarillo)* realizan giros lentos y cerrados. Al girar la rueda de atrás, el segundo dispone de un radio de giro menor —puede girar en un espacio más reducido— que el primero. En un giro amplio *(derecha)*, las ruedas del segundo apuntan todas en la misma dirección y se adhieren mejor a la carretera.

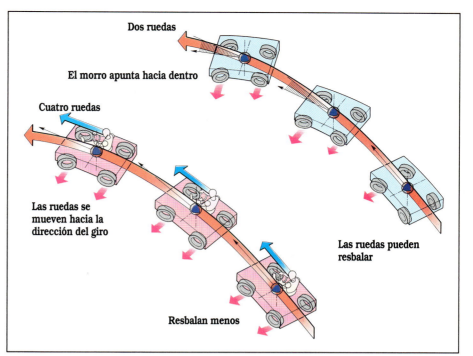

Dos ruedas

El morro apunta hacia dentro

Cuatro ruedas

Las ruedas se mueven hacia la dirección del giro

Las ruedas pueden resbalar

Resbalan menos

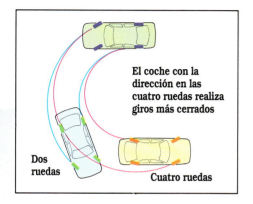

El coche con la dirección en las cuatro ruedas realiza giros más cerrados

Dos ruedas

Cuatro ruedas

Cambio de carril

Cuando un coche normal cambia de carril en una carretera *(extremo derecha)*, tiende a trazar una línea ondulada —su extremo trasero oscila— porque sus ruedas traseras apuntan en línea recta. Para corregir este movimiento, el conductor tiene que girar el volante dos veces antes y dos veces después de cambiar de carril. El coche con dirección en las cuatro ruedas *(derecha)* no oscila.

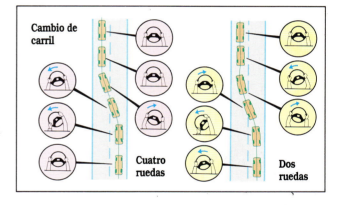

Cambio de carril

Cuatro ruedas

Dos ruedas

El volante y la dirección en las cuatro ruedas

Los sensores, en un sistema de dirección en las cuatro ruedas, controlan el ángulo de giro que el conductor da al volante —y, por tanto, a las ruedas delanteras *(derecha, línea roja)*— en cada curva. En los movimientos de volante pequeños *(primeras dos columnas)*, el sistema deja las ruedas traseras *(línea azul)* rectas o las gira en la misma dirección que las delanteras. En los giros cerrados —cuando el volante gira más de una vuelta completa *(al fondo, a la derecha)*—, el sistema gira las ruedas traseras en dirección contraria *(abajo)*.

Rueda trasera

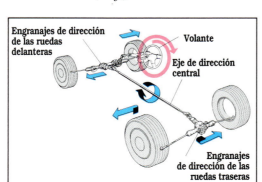

Engranajes de dirección de las ruedas delanteras

Volante

Eje de dirección central

Engranajes de dirección de las ruedas traseras

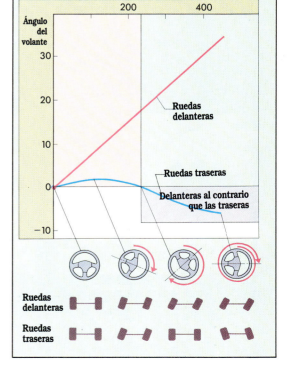

Ángulo de la rueda

200   400

Ángulo del volante

30

20

10

0

−10

Ruedas delanteras

Ruedas traseras

Delanteras al contrario que las traseras

Ruedas delanteras

Ruedas traseras

¿Cómo funciona el airbag de un coche?

En un choque frontal, el conductor y los pasajeros de un coche son arrojados hacia delante y pueden sufrir serias lesiones cuando se golpean contra el volante, el tablero de instrumentos o el parabrisas. Las bolsas de aire, o airbags, protegen a las personas en un choque, saltando del volante o del tablero e inflándose instantáneamente con nitrógeno.

Un sistema de airbag consta de unos sensores electrónicos, un inflador que proporciona el nitrógeno y la bolsa en sí. Los sensores están instalados de manera que puedan ignorar las colisiones por debajo de los 16 o 22 kilómetros por hora. En un choque, la bolsa se infla completamente en 1/20 de segundo después del impacto. Luego, y para permitir que las personas abandonen el coche, la bolsa se contrae tras absorber el choque inicial. Los airbags pueden salvar vidas, pero únicamente en colisiones frontales. No son un sustituto de los cinturones de seguridad.

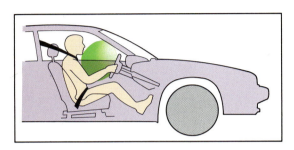

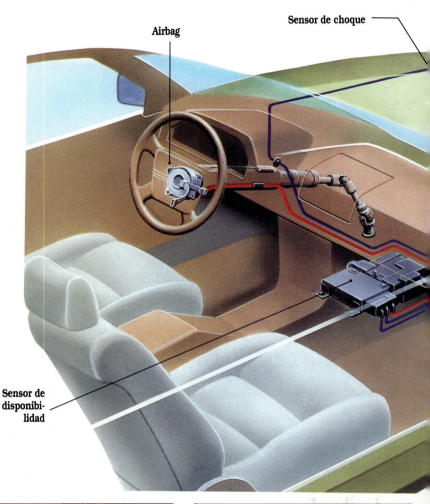

Airbag

Sensor de choque

Sensor de disponibilidad

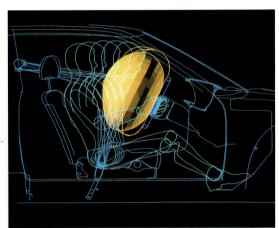

Cojín instantáneo. En una colisión frontal, los sensores avisan al inflador de nitrógeno. Al inflarse, la bolsa sale de su lugar en el volante, convirtiéndose en un cojín justo en el momento en que el conductor es impulsado hacia delante.

Un choque experimental a 16 km/h

A partir de las señales de los sensores de choque, un generador de calor enciende unos productos químicos para producir nitrógeno que rápidamente infla el airbag.

El airbag completamente inflado absorbe el impacto inicial del cuerpo del conductor cuando es arrojado hacia delante.

Una vez que el cuerpo del conductor ha sido amortiguado, la bolsa se contrae, suavizando el choque. Dos agujeros en la parte de atrás de la bolsa dejan salir el gas.

Detectar una parada brusca

Los tres sensores del sistema responden en 0,01 segundos a la interrupción del movimiento a una velocidad superior a 16 km/h. En cada sensor *(abajo, a la izquierda)*, un rodillo se coloca junto a un interruptor. En un choque *(abajo, a la derecha)*, el movimiento del rodillo hace que ruede sobre el interruptor, activando el inflador del airbag.

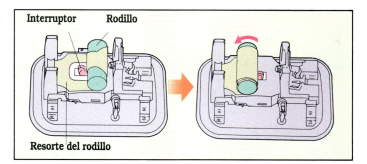

Cómo se llena la bolsa de gas

Cuando los sensores se lo indican, el inflador *(abajo)* enciende unos productos químicos que producen nitrógeno. El gas pasa por un filtro al entrar en el airbag.

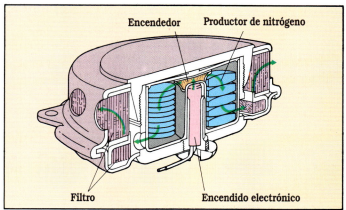

La bolsa se llena en una fracción de segundo

Cuando el nitrógeno entra en la bolsa, ésta se desprende de su compartimento *(abajo, en medio)* en el volante. La bolsa puede contener 60 litros de gas, y 0,05 segundos después del impacto ya está inflada, menos tiempo del que el conductor tarda en ser impulsado contra el parabrisas.

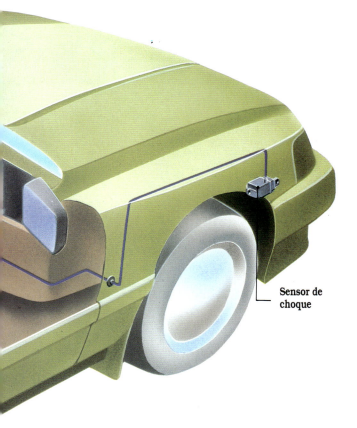

Sensor de choque

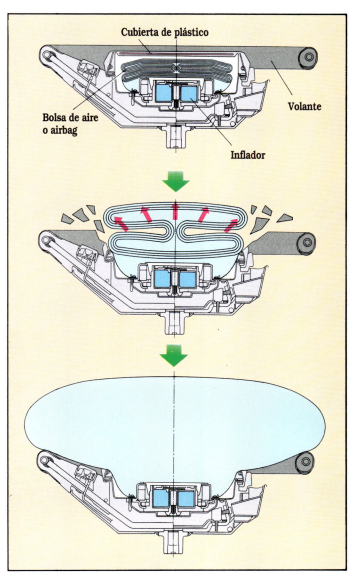

Protección dual. Puesto que el pasajero situado al lado del conductor también corre riesgos en un accidente, algunos coches tienen airbags en ambos asientos. Como el asiento del pasajero dispone de más espacio, aquí, generalmente, el airbag es más grande que el del conductor.

¿Qué es un motor turboalimentado?

Para producir la energía que mueve un coche, el motor quema una mezcla de combustible y aire. Cuanto más aire se añade a la mezcla, más caballos de potencia produce el motor. Un motor normal impulsa aire dentro de cada uno de sus cilindros cuando el pistón empuja en el interior. Pero un motor de alto rendimiento bombea más aire dentro de los cilindros mediante un dispositivo que se llama turboalimentador.

Un turboalimentador contiene una turbina impulsada por el propio calor emitido por el motor. El compresor del turbo recoge aire, incrementa mucho su presión y lo introduce en los cilindros, donde produce una combustión más completa del carburante. Al introducir mayor cantidad de aire en los cilindros, el turboalimentador incrementa los caballos de fuerza sin cambiar el tamaño del motor en sí.

El turboalimentador

En un turboalimentador de motor, el compresor *(disco azul)* toma aire fresco *(líneas azules)* y lo introduce a alta presión en los cilindros. El compresor está impulsado por una turbina *(disco rojo)*, que da nombre al turboalimentador y que gira gracias a los gases calientes de escape del motor *(flechas rojas)*. Un cojinete central sostiene el compresor y la turbina.

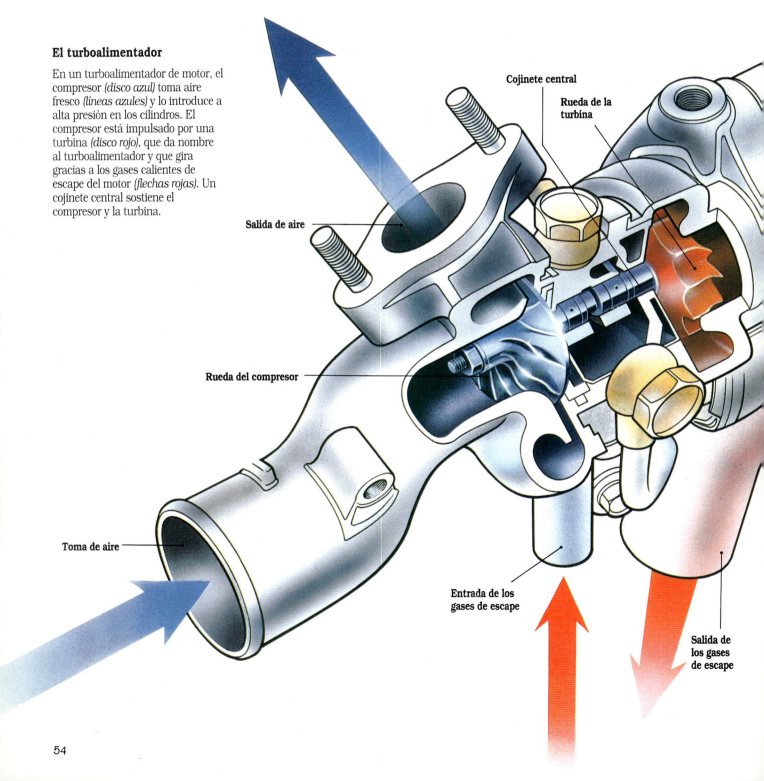

Salida de aire

Rueda del compresor

Toma de aire

Cojinete central

Rueda de la turbina

Entrada de los gases de escape

Salida de los gases de escape

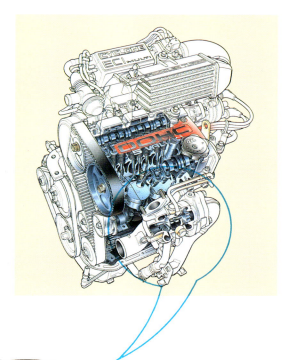

Potencia añadida. Instalado en el motor de un coche *(izquierda)*, un turboalimentador *(círculo azul)* puede aumentar los caballos de potencia. Los primeros motores turboalimentados tenían el inconveniente de que se sobrecalentaban, pero actualmente muchos coches, desde deportivos a familiares, incorporan modelos mejorados.

Más caballos de potencia

Un motor turboalimentado *(abajo)* utiliza gases de escape calientes *(rosa)* para activar la turbina e introducir el aire presurizado *(azul)* en los cilindros. La válvula de salida purga el exceso de presión. El turboalimentador de este motor *(dentro del círculo azul)* está ampliado en el dibujo central, abajo.

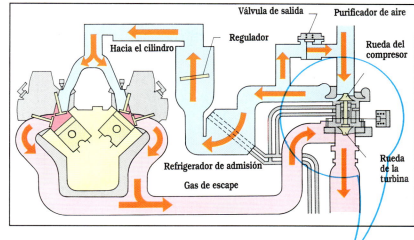

Impulsada por aire caliente

La rueda de la turbina, impulsada por los gases de escape del motor *(flechas naranjas)*, gira hasta a 100.000 rpm. El compresor, impulsado por la rueda de la turbina, extrae aire fresco *(flechas azules)* y lo comprime dentro del cilindro. El impulsor —un sensor y regulador— mantiene el aire en movimiento dentro del cilindro a una presión regular.

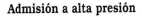

Admisión a alta presión

Los gases de escape *(naranja)*, al entrar en la turbina *(extremo derecha)*, hacen girar la rueda de la turbina, la cual impulsa la rueda del compresor que está unida al mismo eje. El ventilador giratorio del compresor toma aire fresco *(azul)* y lo comprime dentro de los cilindros, a alta presión.

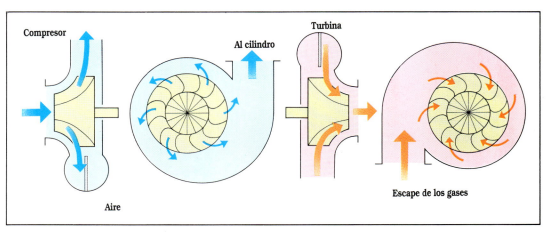

¿Por qué tienen dibujo los neumáticos?

Si todas las carreteras fueran lisas, secas y rectas, no serían necesarias las marcas o el dibujo en la superficie de los neumáticos. Los neumáticos lisos —que tienen un mayor contacto con la carretera y por tanto proporcionan mejor tracción— superarían a los neumáticos con dibujo en las superficies lisas y secas. Pero las carreteras nunca son perfectas. En las carreteras mojadas se puede crear una capa de agua peligrosa entre la superficie y el neumático liso, provocando derrapajes y accidentes. Los neumáticos con dibujo apartan el agua y, además, dan estabilidad a las ruedas en las carreteras irregulares o con curvas. Para conseguir que los coches se desplacen con seguridad, bajo una gran variedad de condiciones, son mejores los neumáticos con dibujo.

Sección transversal de un neumático

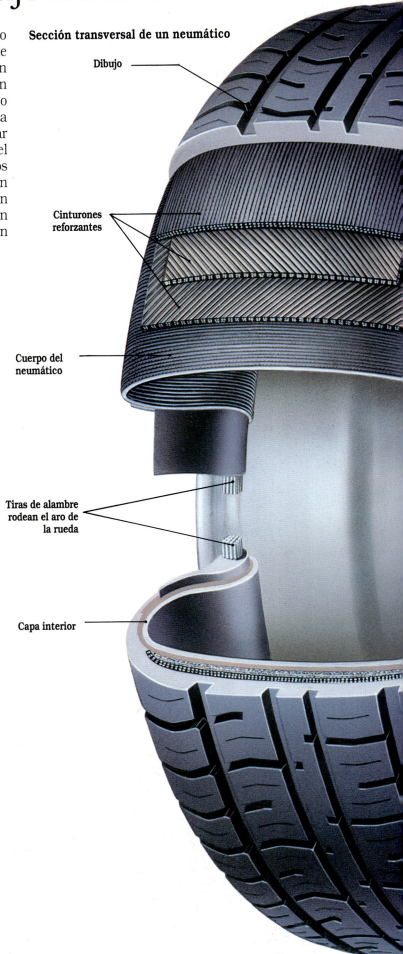

Dibujo

Cinturones reforzantes

Cuerpo del neumático

Tiras de alambre rodean el aro de la rueda

Capa interior

Los neumáticos lisos son peligrosos

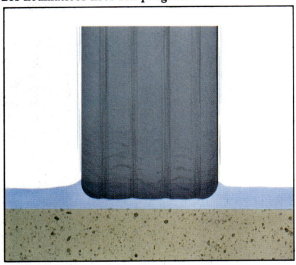

En las carreteras mojadas, un neumático con poco dibujo empuja el agua delante de él y puede comenzar a flotar en la capa de agua que se forma entre el neumático y la carretera. Esta peligrosa circunstancia es conocida como hidroplanear.

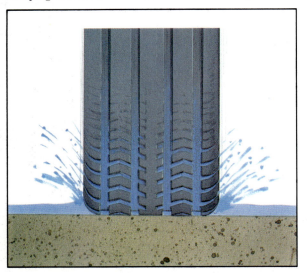

Un neumático con dibujo desplaza el agua de sus surcos y permanece en contacto con la carretera, reduciéndose el peligro de los derrapajes.

Llanta

Neumáticos especiales para cada uso

Los neumáticos de un coche están diseñados para adherirse a la superficie de la carretera y sostener el peso de un coche, así como para estabilizar la marcha y la dirección. Sin embargo, diferentes condiciones de conducción —así como diferentes vehículos— precisan una amplia variedad de diseños de neumáticos. Los ejemplos que mostramos a continuación no están a escala.

Los neumáticos en diagonal proporcionan una conducción suave a un coche familiar.

Los neumáticos radiales proporcionan estabilidad a grandes velocidades.

Los neumáticos tachonados dan tracción en superficies heladas.

Los neumáticos ásperos soportan bien los terrenos irregulares.

El neumático de rally se adhiere a la mayoría de superficies de carreteras.

Los neumáticos de autobús y camión soportan conducciones de largas distancias.

Los camiones contenedores tienen neumáticos anchos y amplios.

El dibujo saliente de los neumáticos de un tractor es ideal para desplazarse por el campo.

Los amplios neumáticos de las segadoras de césped no cortan la hierba.

Neumáticos para conducir por la nieve

Dirección de marcha

Rotación

Surcos anchos se llenan de nieve

Nieve

Algunos neumáticos están hechos de una goma especial que permanece flexible a bajas temperaturas. Bajo el peso de un coche, las anchas y largas tiras de este neumático aplastan la nieve, formando una superficie dura, apta para una tracción mayor.

¿Qué hace diferente a un coche de carreras?

Un coche de Fórmula 1 —llamado así por la fórmula especial de carburante que consume— tiene un motor mucho más potente que el de un coche normal. Esta potencia añadida procede de la mayor capacidad del motor, es decir, el volumen total de las cámaras de combustión de sus cilindros. En un coche normal, la capacidad del motor puede ser de 1.000 centímetros cúbicos, o más. Sin embargo, los coches de Fórmula 1 pueden triplicar esa capacidad y llegar a desarrollar 500 caballos de potencia,

lo que supone cuatro o cinco veces la potencia de un coche normal. Para hacer más eficiente este incremento de potencia, el coche de carreras está diseñado aerodinámicamente, de modo que minimice la resistencia del aire. Los neumáticos de carreras tienen una anchura especial para conseguir un contacto más seguro con la carretera y una mayor tracción. Una suspensión especial aporta mayor estabilidad y contribuye a la adherencia del coche al asfalto, incluso cuando acelera en las curvas más cerradas.

Un coche de Fórmula 1

En el interior del coche, el piloto controla la respuesta del vehículo observando una gran cantidad de indicadores que muestran el nivel de carburante, la temperatura del agua, la presión del aceite y otros detalles.

Los frenos de disco de fibra de carbono superresistentes *(abajo)* tienen que superar el calor generado en una carrera a gran velocidad.

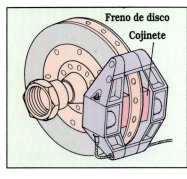

Freno de disco

Cojinete

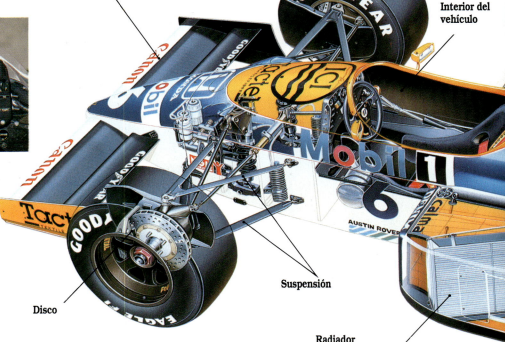

Alerón delantero

Interior del vehículo

Disco

Suspensión

Radiador

Una estructura diseñada para correr

La estructura baja y ancha de un coche de carreras, de ligera pero resistente fibra de carbono, está diseñada para que se aproveche el flujo de aire que crea el coche cuando alcanza grandes velocidades. El extremo delantero curvado *(abajo, a la izquierda)* y el alerón trasero hacen que el aire oprima el coche contra el suelo y no salga volando.

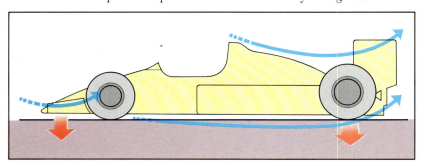

Neumáticos para cada tipo de pista

Más anchos que los utilizados por los coches normales, los neumáticos de carreras pueden tener poco dibujo —en las pistas secas— o un dibujo especial para la lluvia.

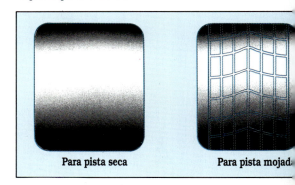

Para pista seca

Para pista mojada

Un motor potente, de alta tecnología

Por motivos de potencia y eficacia, el motor de un coche de carreras *(abajo)* tiene inyección de carburante computerizada y reguladores electrónicos que controlan las rpm del motor, la temperatura del agua y del aceite y otras funciones vitales.

Diez cilindros impulsan este motor especial de carreras.

Un coche de carreras de Fórmula 1 *(arriba)* genera mucho más calor que un coche normal. En su caso, también expulsa el exceso de calor a través del radiador, que se refresca por el flujo de aire *(abajo)* mientras el coche alcanza por la pista velocidades de hasta 290 km/h.

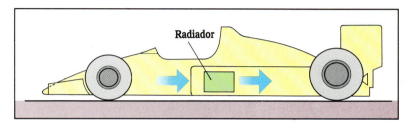

Radiador

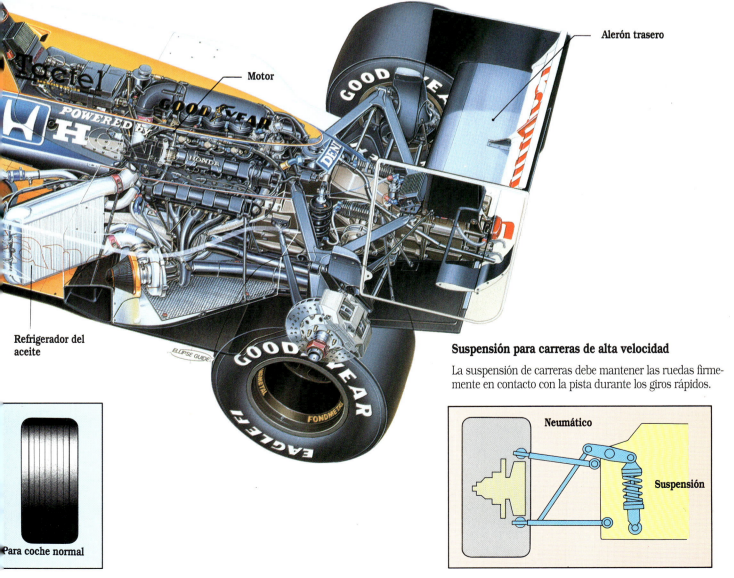

Alerón trasero

Motor

Refrigerador del aceite

Para coche normal

Suspensión para carreras de alta velocidad

La suspensión de carreras debe mantener las ruedas firmemente en contacto con la pista durante los giros rápidos.

Neumático

Suspensión

¿Puede un coche conducirse solo?

Este coche de apariencia exótica, un modelo experimental MSRII de Mitsubishi, está altamente automatizado. Equipado con un circuito cerrado de televisión y cámaras de infrarrojos, este coche puede reconocer y reaccionar a líneas de centrado y señales de la carretera. Utilizando estas cámaras y sus sensores de ultrasonidos —similares al sonar de un murciélago— este coche puede detectar tráfico y otros obstáculos, así como ajustar la velocidad y dirección del vehículo de forma adecuada.

A pesar de sus sistemas futuristas y sus notables habilidades, este coche no conduce de forma completamente autónoma. Sin embargo, muchos expertos predicen que los investigadores e ingenieros algún día crearán un coche que sea capaz de compensar la falta de reflejos del conductor y sus errores de criterio.

Información y navegación

Además de controlar la carretera y las condiciones del tráfico, el sistema de navegación también proporciona mapas y aconseja al conductor acerca de las mejores rutas que se pueden tomar.

Seguimiento automático del tráfico

Los sensores siguen el LED del coche guía.

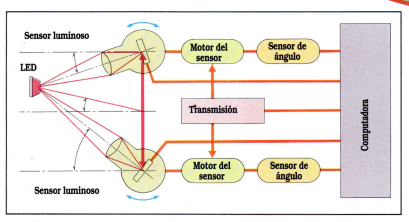

Al encontrar y analizar la luz del diodo emisor de luz (LED) del coche que tiene delante, la computadora del coche que va detrás *(derecha)* ajusta su velocidad y dirección para mantener una distancia de seguridad.

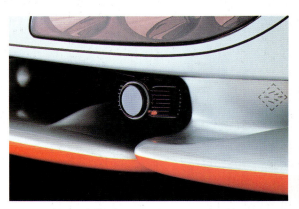

Sensores especializados situados junto a las luces delanteras recogen la luz del LED del coche de delante.

Mejoras sobre la visión del conductor

Entre el asiento del conductor y el del pasajero existen cámaras de televisión y de infrarrojos que analizan los alrededores del coche. Envían imágenes que son procesadas por la computadora de a bordo. Este sistema ve y reacciona ante cosas que el conductor puede, en ocasiones, pasar por alto, como el tráfico, las paradas repentinas, los giros cerrados y las condiciones accidentadas de la superficie. Más que suministrar información al conductor, simplemente ajusta la velocidad y la dirección del coche. Como resultado, el conductor puede conducir con un mayor grado de seguridad.

El cerebro del coche automatizado

Este coche automatizado no podría funcionar sin computadoras. La computadora de a bordo coordina los datos obtenidos por los sensores, cámaras y dispositivos mecánicos incorporados al coche, los procesa en diversas computadoras separadas y envía las señales adecuadas a los diversos sistemas de control del coche.

Un cuerpo de alta velocidad

Para una conducción veloz, este coche está equipado con alerón delantero, *canard* y aletas hipersustentadoras que se ajustan automáticamente para ofrecer la menor resistencia al aire.

Aparcamiento sin problemas

En un área de aparcamiento dotada de cables magnéticos enterrados, el sistema de aparcamiento automático del coche sigue el campo magnético generado por los cables. Los cuatro sensores magnéticos del coche pasan los datos a una computadora, que indica a las ruedas hacia dónde deben girar. Otros sensores detectan cualquier objeto, de modo que el coche aparque sin golpear nada.

Canard

Alerón delantero

Aletas hipersustentadoras

Aleta hipersustentadora Venturi

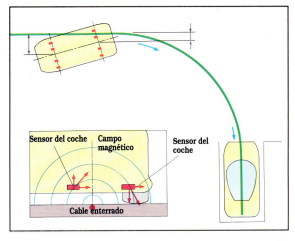

¿Cómo funciona un coche impulsado por energía solar?

Los coches impulsados por energía solar todavía están en una fase experimental, y varían mucho en diseño, construcción y resultados. Pero todos ellos, como el coche de estas páginas, tienen ciertas similitudes básicas. Todos disponen de paneles colectores que absorben la luz del sol y la convierten en electricidad. La mayoría almacenan esta electricidad en baterías especiales y después la usan para impulsar un motor eléctrico que hace girar las ruedas.

Los coches solares están diseñados con el propósito de rentabilizar sus suministros de energía. La mayoría están hechos de materiales ligeros y de forma que ofrezcan la menor resistencia al viento. Teóricamente, un coche solar puede funcionar indefinidamente, no necesita más combustible que la luz solar, y no contamina. Su inconveniente es que no funciona de noche o en días nublados. Los investigadores están trabajando para superar estas limitaciones.

El *Cruz del Sur*

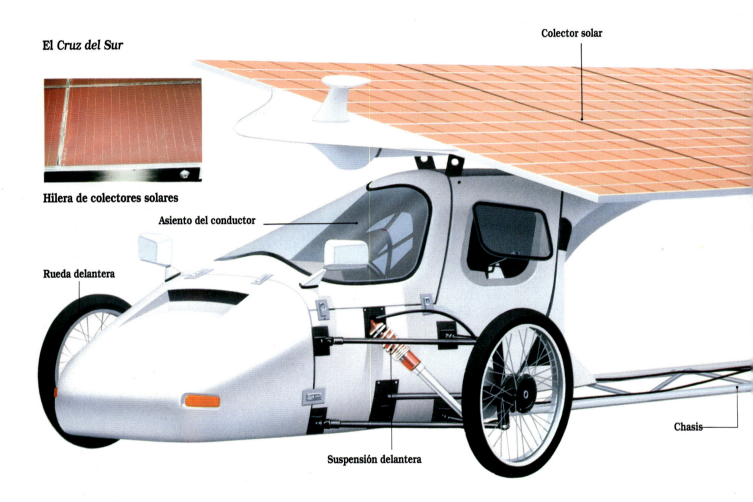

Colector solar

Hilera de colectores solares

Asiento del conductor

Rueda delantera

Chasis

Suspensión delantera

Velocidades y colectores

La electricidad generada en los colectores solares del panel fluye a través de un cableado hasta una batería de almacenamiento. A partir de aquí, la electricidad impulsa un motor eléctrico que mueve el eje y las ruedas. Un sistema especial de doce velocidades asegura el uso eficiente de la energía en las diversas condiciones del terreno.

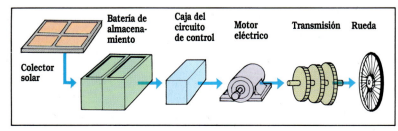

Colector solar — Batería de almacenamiento — Caja del circuito de control — Motor eléctrico — Transmisión — Rueda

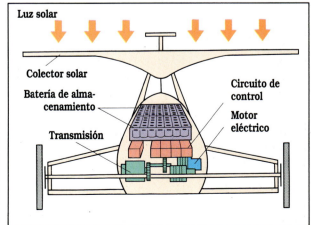

Luz solar

Colector solar

Batería de almacenamiento

Transmisión

Circuito de control

Motor eléctrico

El *Cruz del Sur* tiene un panel solar inclinable.

Batería solar

Cada célula solar consta de dos capas de silicio: una capa P, o positiva, y una capa N, o negativa. Cuando la luz toca la célula, ésta libera electrones en la capa P, produciéndose una corriente entre ésta y la capa N. El motor del coche utiliza esta corriente.

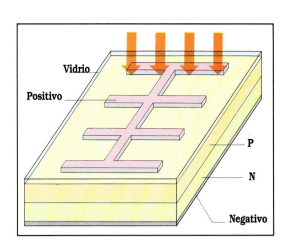

El *Cruz del Sur* japonés mide unos 6 metros de largo, pesa unos 280 kilogramos y alcanza una velocidad de 40 km/h en superficies planas.

Paneles móviles

Para facilitar el que los colectores solares absorban el máximo de luz, el panel puede inclinarse hacia el sol *(derecha)*, incluso mientras el coche está en marcha.

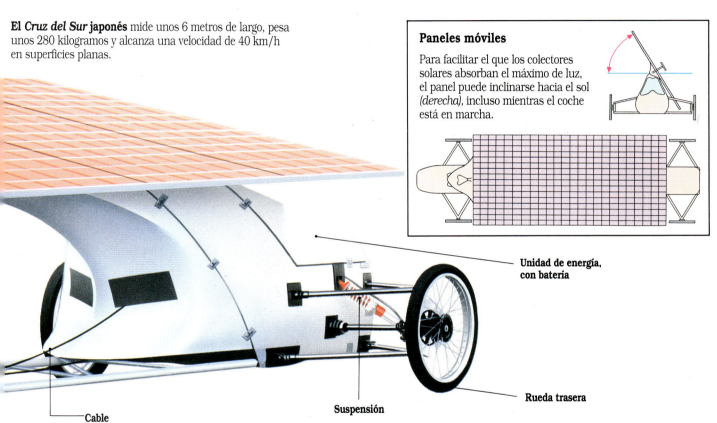

Unidad de energía, con batería

Rueda trasera

Suspensión

Cable

Panel colector aerodinámico

El *Solar Flair*, construido por un equipo de la Universidad de Cal Poly Pomona, en California, participó en la carrera World Solar en 1990, quedando en undécima posición después de correr durante 2.900 kilómetros a través del desierto australiano. De seis metros de largo, con 9.200 células solares finas como el papel, estaba hecho de grafito ligero y podía viajar durante 200 kilómetros sin ayuda solar, gracias a una batería de plata y zinc.

En la carrera australiana surgieron algunos problemas: la cadena de bicicleta que suministraba la transmisión a la rueda trasera se rompió numerosas veces, a menudo provocando el pinchazo del neumático, disminuyendo así la velocidad media de la carrera, que bajó de los 68 km/h previstos a 43 km/h. Con algunas mejoras, el coche consiguió ganar dos carreras en Estados Unidos en 1991.

¿Qué es un coche eléctrico?

Un coche eléctrico consume la energía eléctrica, procedente de un enchufe doméstico normal, que se almacena en las baterías recargables del coche. Este vehículo no precisa la transmisión que usan los coches que funcionan con motores de combustión interna. La electricidad, en cambio, va a un motor eléctrico unido al eje transmisor. El motor gira el eje y mueve la máquina. Todavía en fase experimental, los coches eléctricos pueden llegar a recorrer 210 kilómetros antes de necesitar recargarse. Son mucho menos contaminantes y más silenciosos que los coches que consumen gasolina. Su mayor inconveniente son las seis horas que tardan en recargarse.

Un coche sin transmisión

Los controles del coche (abajo) constan de una simple palanca de cambio, puesto que el vehículo carece de transmisión. Los indicadores muestran las rpm, velocidad y la carga de la batería.

Cómo la electricidad hace que giren las ruedas

La electricidad que impulsa un coche eléctrico se almacena, en primer lugar, en sus baterías (abajo, extremo superior). Cuando el coche está en marcha, pasa al conector magnético. Controlada por los datos que envían los sensores y los controles de la conducción, la energía se envía a los motores, que hacen girar las ruedas y que avance el coche.

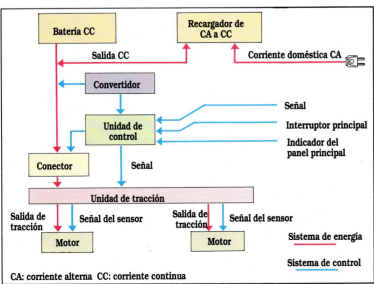

CA: corriente alterna CC: corriente continua

Anatomía de un coche eléctrico

Cómo recargar una batería

El recargador de un coche eléctrico, que se utiliza para almacenar un nuevo suministro de energía eléctrica en las baterías del coche, extrae la energía de cualquier toma de corriente doméstica.

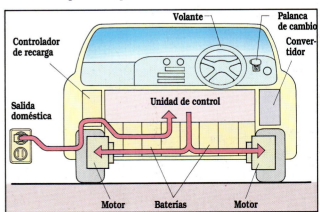

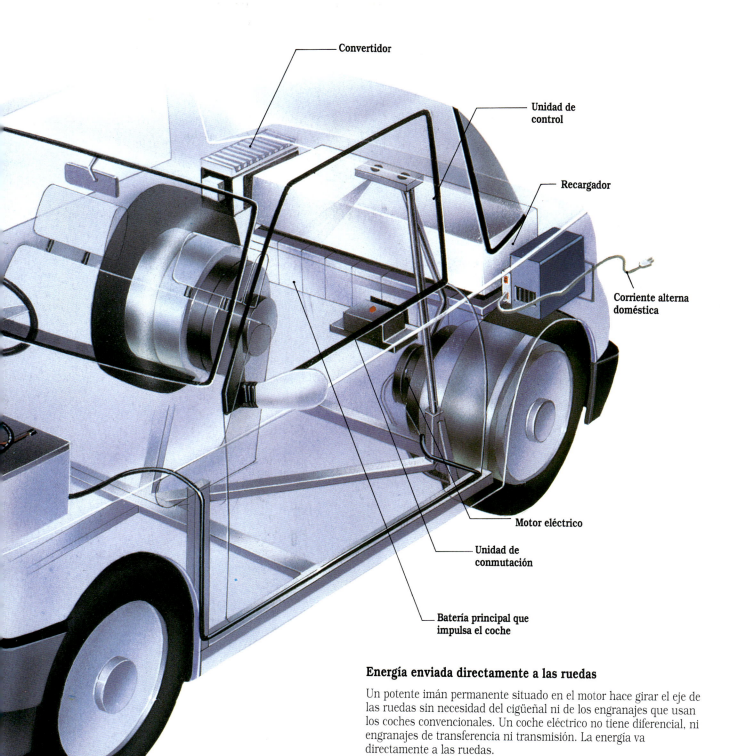

Convertidor

Unidad de control

Recargador

Corriente alterna doméstica

Motor eléctrico

Unidad de conmutación

Batería principal que impulsa el coche

Energía enviada directamente a las ruedas

Un potente imán permanente situado en el motor hace girar el eje de las ruedas sin necesidad del cigüeñal ni de los engranajes que usan los coches convencionales. Un coche eléctrico no tiene diferencial, ni engranajes de transferencia ni transmisión. La energía va directamente a las ruedas.

El *Destiny 2000* es un coche eléctrico que combina los paneles solares y las baterías con una carrocería de fibra de vidrio.

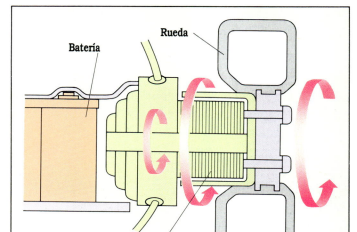

Batería

Rueda

Motor

3
Un vehículo para cada necesidad

Desde que se inventó el primer coche, los ingenieros han descubierto incontables usos nuevos para los "carruajes sin caballos", y se han diseñado vehículos con propósitos muy diversos. Por ejemplo, los vehículos que disponen de llantas de oruga giratorias, o de esquís, en lugar de ruedas, pueden llegar hasta terrenos poco firmes, anteriormente sólo accesibles a pie. En otro tiempo, las grúas eran estructuras incómodas que tenían que ser transportadas desde unas obras en construcción a otras. Con el desarrollo del brazo o aguilón telescópico, las grúas actuales, montadas sobre un chasis móvil, pueden conducirse con facilidad a distintas obras, donde se utilizan para elevar cosas.

Aunque los vehículos especializados que mostramos aquí cubren necesidades muy diferentes, muchos de ellos tienen una cosa en común: la capacidad de elevar cargas pesadas. Los coches de bomberos alzan largas escaleras, y las grúas y excavadoras tienen que elevar aguilones inmensos con su carga. Estos vehículos actuales obtienen su potencia elevadora a partir de sistemas hidráulicos a base de pistones que encajan suavemente en cilindros rellenos de aceite. Cuando una bomba ejerce presión sobre el fluido hidráulico, el pistón empuja hacia fuera, desplazando la escalera o el aguilón. Cuando la presión cede, el pistón se retrae. Los sistemas hidráulicos proporcionan a estas máquinas un amplio margen de maniobrabilidad. Con elementos añadidos para excavar, elevar y empujar, estas máquinas llevan a cabo tareas cada vez más complejas, como se explica en las páginas que siguen.

El camión de bomberos, la motonieve y los vehículos para la construcción que aparecen en la ilustración de la derecha muestran la gama de vehículos altamente especializados utilizados hoy en día.

¿Cómo se desplazan las motonieves?

Una motonieve es un trineo motorizado, impulsado por un motor similar al de las motocicletas. Se conduce por medio de un manillar conectado a un par de esquís situados delante. Un acelerador y una palanca de freno controlan la aceleración y el frenado. En lugar de impulsarse mediante una rueda trasera, la motonieve dispone de una llanta continua de goma conectada al motor mediante engranajes, una cadena y una correa *(derecha)*.

Las motonieves tienen una maniobrabilidad muy alta. No sólo pueden alcanzar más de 135 kilómetros por hora, sino que también pueden escalar pendientes de hasta 65 grados. Los coches normales únicamente están preparados para subir por pendientes con un tercio de esa inclinación. Puesto que pueden viajar por lugares inaccesibles para los automóviles, sirven para repartir mercancías y servicios en zonas glaciales donde apenas hay carreteras y a menudo están cubiertas de nieve. Pero la mayoría de la gente utiliza las motonieves sólo como diversión.

Rueda de transmisión

Esquí

Transmisión variable

Conducir por la nieve

En el motor, los pistones hacen girar el embrague primario, el cual, por medio de una correa de conexión, gira el embrague secundario, que está montado sobre un eje. En el otro extremo de este eje, un engranaje arrastra una cadena que hace girar el árbol de transmisión. Los dientes del árbol de transmisión encajan en los huecos correspondientes de la oruga de la motonieve. A medida que el árbol de transmisión gira, estos dientes impulsan la oruga hacia delante. Variaciones en la velocidad, en las condiciones de la nieve y del terreno exigen un cambio en la cantidad de energía transferida desde el motor hasta la oruga. La transmisión variable detecta estos cambios y ajusta la energía enviada a la oruga, proporcionando un desplazamiento suave.

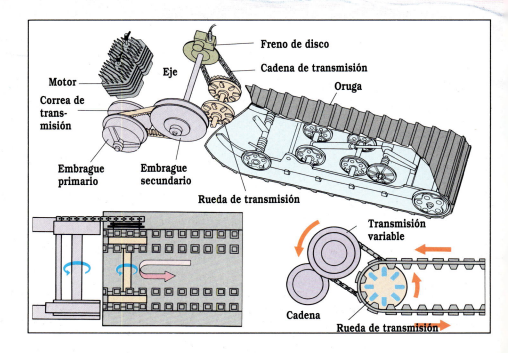

Motor

Eje

Freno de disco

Cadena de transmisión

Oruga

Correa de transmisión

Embrague primario

Embrague secundario

Rueda de transmisión

Transmisión variable

Cadena

Rueda de transmisión

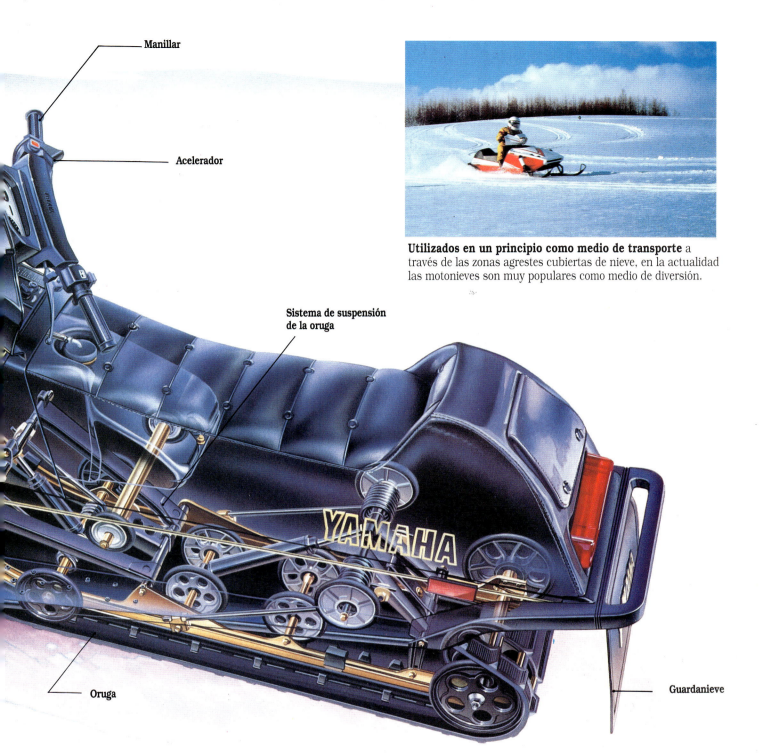

Manillar

Acelerador

Sistema de suspensión
de la oruga

Utilizados en un principio como medio de transporte a través de las zonas agrestes cubiertas de nieve, en la actualidad las motonieves son muy populares como medio de diversión.

YAMAHA

Oruga

Guardanieve

Conducción a través de la nieve

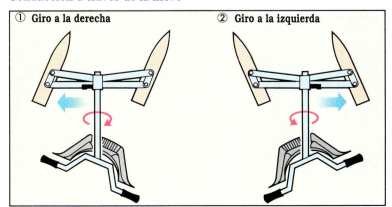

① Giro a la derecha ② Giro a la izquierda

Un movimiento en el sentido de las agujas del reloj del manillar hace girar los esquís a la derecha, y un movimiento en sentido contrario los hace girar hacia la izquierda.

Para detenerse

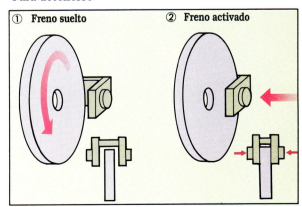

① Freno suelto ② Freno activado

Cuando el conductor aprieta la palanca de freno, un conjunto de cojinetes oprime un disco fijado en el eje.

¿Cómo funciona un coche de bomberos?

Cuando suena una alarma, los coches de bomberos corren calle abajo en pocos segundos. El coche de bomberos *(derecha)* es el vehículo básico, equipado con bombas que generan potentes chorros de agua para extinguir el fuego. En el lugar del incendio, una bomba extrae agua de una boca de incendios, o de un estanque o río cercanos; entonces, una segunda bomba ejerce presión sobre el agua y la lanza a través de una manguera a razón de 3.800 litros, o más, por minuto.

Aunque el agua apaga la mayoría de los fuegos, por sí sola es ineficaz, y en ocasiones, incluso peligrosa, en los incendios causados por aceites o productos químicos. Para apagar este tipo de fuegos, los coches de bomberos utilizan una espuma especial que se elabora mezclando agua y productos químicos retardantes *(extremo derecha)*.

Los coches de bomberos pueden lanzar un chorro de agua a más de 90 metros de distancia.

El mecanismo del bombeo

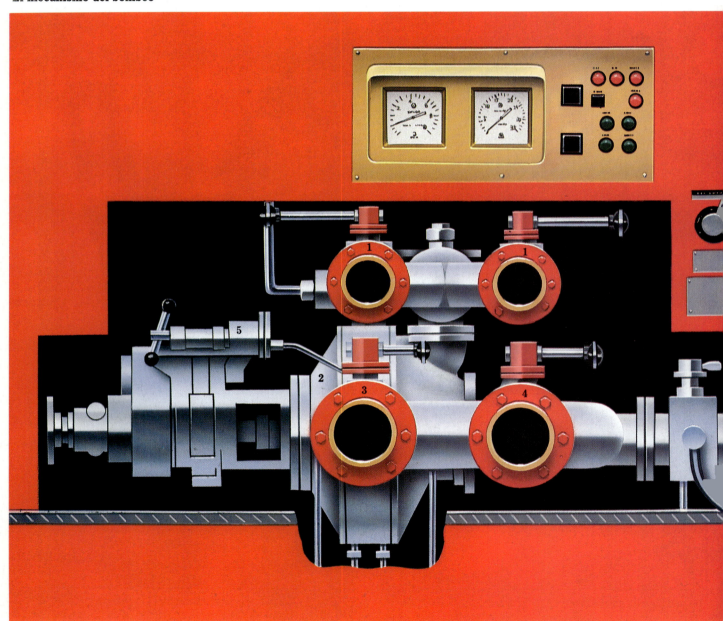

Combatir el fuego con espuma

Una mezcla de agua y productos químicos retardantes crea una espesa espuma que se usa para sofocar fuegos que no pueden combatirse únicamente con agua.

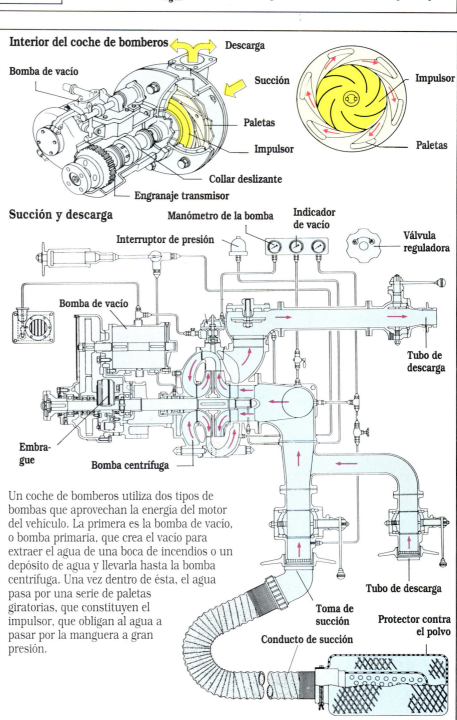

Boquilla de espuma
Válvula dosificadora
Válvula proporcionadora
Bomba de espuma líquida
Espuma líquida
Agua
Agente espumante
Regulador de la presión de los productos químicos
Tanque de agua
Regulador de la presión del agua
Bomba de espuma
Válvula de seguridad
Válvula proporcionadora
Agua
Válvula para ajustar la presión
Bomba de agua
Concentrado de espuma líquida

1. Tubo de descarga
2. Bomba centrífuga
3. Toma de succión
4. Toma auxiliar
5. Bomba de vacío

Interior del coche de bomberos

Descarga
Bomba de vacío
Succión
Impulsor
Paletas
Impulsor
Paletas
Collar deslizante
Engranaje transmisor

Succión y descarga

Manómetro de la bomba
Indicador de vacío
Interruptor de presión
Válvula reguladora
Bomba de vacío
Tubo de descarga
Embrague
Bomba centrífuga
Tubo de descarga
Toma de succión
Protector contra el polvo
Conducto de succión

Un coche de bomberos utiliza dos tipos de bombas que aprovechan la energía del motor del vehículo. La primera es la bomba de vacío, o bomba primaria, que crea el vacío para extraer el agua de una boca de incendios o un depósito de agua y llevarla hasta la bomba centrífuga. Una vez dentro de ésta, el agua pasa por una serie de paletas giratorias, que constituyen el impulsor, que obligan al agua a pasar por la manguera a gran presión.

¿Cómo elevan las grúas cargas muy pesadas?

Las grúas extienden sus poderosos brazos en cualquier obra en construcción. Una grúa móvil, como la que se muestra abajo, con un aguilón telescópico controlado hidráulicamente, puede alargarse hasta 40 metros y levantar fácilmente 45 toneladas de materiales de construcción. Cuando el aguilón se retrae, la grúa se hace lo suficientemente compacta como para poder ser llevada a otro sitio sin dificultad.

El cable del que pende la carga se controla mediante un torno o cabrestante. Cuando éste enrolla el cable, la carga sube. Un sistema de poleas múltiples y cables entre el brazo de la grúa, o aguilón, y el gancho disminuye el esfuerzo que el cabrestante tiene que hacer para elevar una carga.

El torno elevador

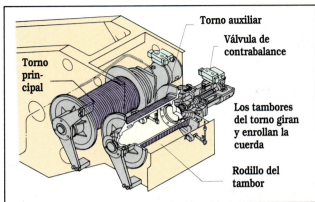

Torno auxiliar

Válvula de contrabalance

Torno principal

Los tambores del torno giran y enrollan la cuerda

Rodillo del tambor

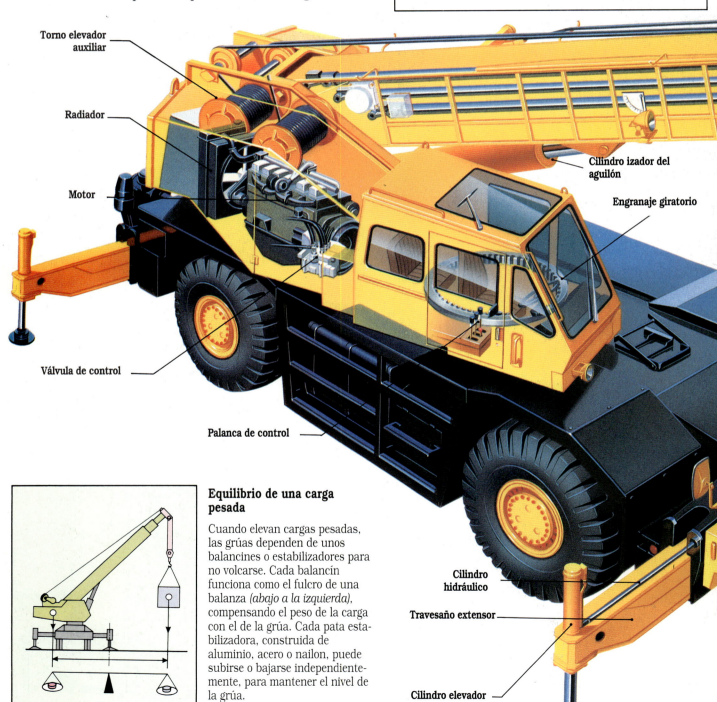

Torno elevador auxiliar

Radiador

Motor

Válvula de control

Palanca de control

Cilindro izador del aguilón

Engranaje giratorio

Cilindro hidráulico

Travesaño extensor

Cilindro elevador

Equilibrio de una carga pesada

Cuando elevan cargas pesadas, las grúas dependen de unos balancines o estabilizadores para no volcarse. Cada balancín funciona como el fulcro de una balanza (abajo a la izquierda), compensando el peso de la carga con el de la grúa. Cada pata estabilizadora, construida de aluminio, acero o nailon, puede subirse o bajarse independientemente, para mantener el nivel de la grúa.

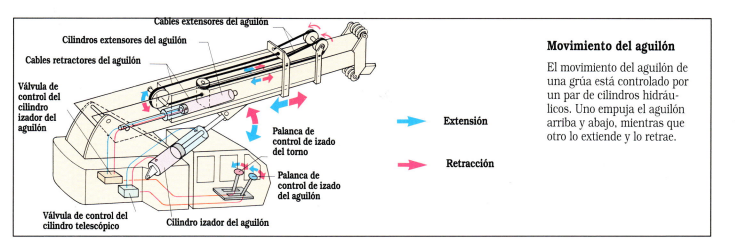

Movimiento del aguilón

El movimiento del aguilón de una grúa está controlado por un par de cilindros hidráulicos. Uno empuja el aguilón arriba y abajo, mientras que otro lo extiende y lo retrae.

Cables extensores del aguilón

Cilindros extensores del aguilón

Cables retractores del aguilón

Válvula de control del cilindro izador del aguilón

Palanca de control de izado del torno

Palanca de control de izado del aguilón

Válvula de control del cilindro telescópico

Cilindro izador del aguilón

➡ Extensión

➡ Retracción

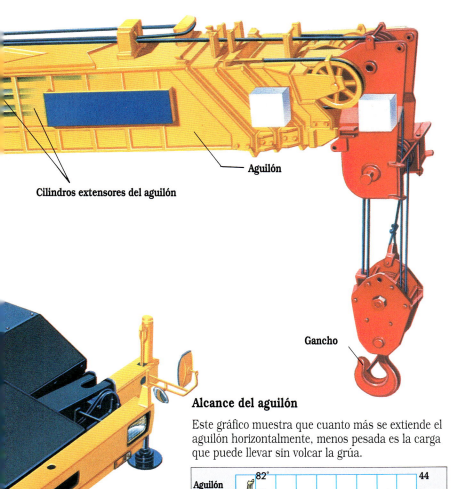

Cilindros extensores del aguilón

Aguilón

Gancho

Gancho, cuerda y polea

Al aumentar el número de cables y poleas, se reduce el esfuerzo necesario para elevar objetos.

Aparejo de ganchos de 20 toneladas de capacidad

Con 4 vueltas de cable	Con 5 vueltas de cable
① ② ③ ④	① ② ③ ④ ⑤

Aparejo de ganchos de 45 toneladas de capacidad

Con 7 vueltas de cable	Con 11 vueltas de cable

Alcance del aguilón

Este gráfico muestra que cuanto más se extiende el aguilón horizontalmente, menos pesada es la carga que puede llevar sin volcar la grúa.

Aguilón de: 40 m

82° 7.6
60° 4.7
40° 1.45
20° 0.5
0°

32 m 14
25 m 20
18 m 28
10 m 4.5

7.1
10.5
20.6
18
30.2
20.7

2.0
4.0
2.1
7.6
6.5

0.95

Altura (m): 44 40 36 32 28 24 20 16 12 8 4 0

Radio de carga (m): 0 4 8 12 16 20 24 28 32 36

Control de la grúa

Las computadoras de a bordo vigilan la grúa, supervisando la carga, el ángulo del aguilón, longitud e inclinación del ángulo de la grúa, y, en ocasiones, incluso la velocidad del viento.

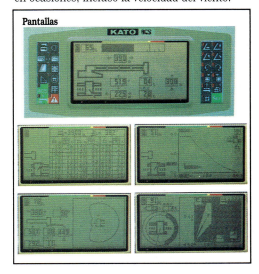

Pantallas

KATO RCS

¿Qué hace una apisonadora?

Una apisonadora es un vehículo altamente especializado utilizado principalmente para pavimentar carreteras. En lugar de ruedas u orugas, esta máquina se desplaza sobre un par de tambores de acero. Estos tambores ejercen una gran presión sobre el suelo y comprimen la tierra, convirtiéndola en una superficie lisa y regular. En un principio, las apisonadoras estaban impulsadas por vapor. Estas máquinas se utilizan en tres fases de construcción de una carretera: en primer lugar, aplastan una capa de piedras trituradas; luego, una capa de grava fina, y, finalmente, la capa superior, que consta de una mezcla de asfalto, piedras y arena.

Las apisonadoras más modernas tienen un rodillo vibrador. Inicialmente, las apisonadoras aplastaban las capas de la carretera gracias, tan sólo, a su propio peso. Pero el rodillo vibratorio hace un uso más ingenioso de los pesos que van unidos a los ejes, en el interior de los tambores de acero. A medida que los tambores van girando lentamente, un aceite hidráulico presurizado procedente de una bomba montada en el motor hace que los ejes giren deprisa, imprimiendo una rotación a los pesos de unas 4.000 vueltas por minuto. La rotación de los pesos —que están unidos de manera que la mayor parte descansa sobre un lado del eje— hace que los rodillos vibren. Estas vibraciones ayudan a aplastar las capas de roca, grava y asfalto de manera más compacta de lo que lo hacían las antiguas apisonadoras.

Efecto vibratorio

A medida que los pesos rotatorios se balancean hacia arriba, aligeran la fuerza que oprime el suelo. Cuando se balancean hacia abajo, la aumentan. El rápido cambio producido en la fuerza que se aplica contra el suelo provoca una vibración.

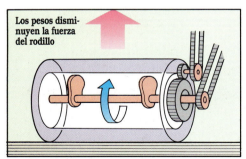

Los pesos disminuyen la fuerza del rodillo

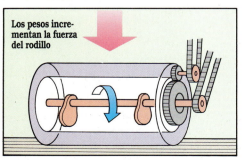

Los pesos incrementan la fuerza del rodillo

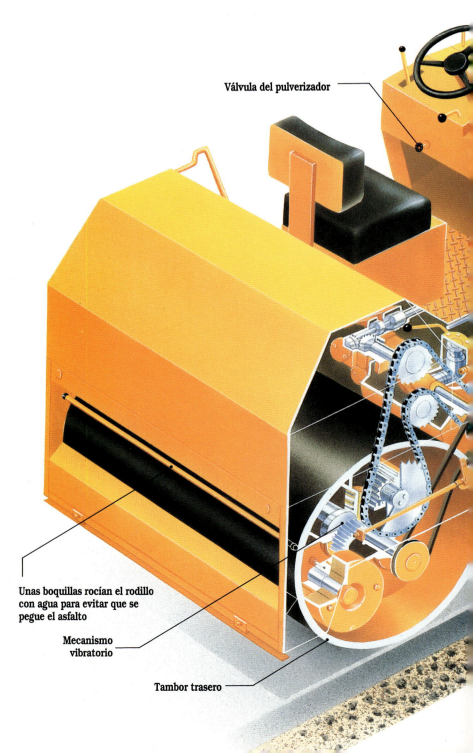

Válvula del pulverizador

Unas boquillas rocían el rodillo con agua para evitar que se pegue el asfalto

Mecanismo vibratorio

Tambor trasero

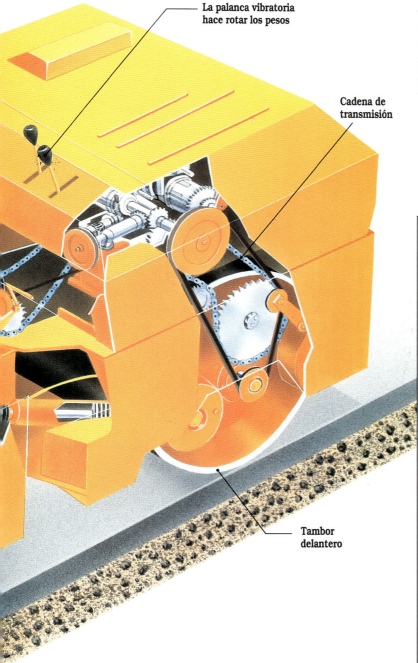

Una apisonadora vibratoria aplasta de forma compacta la superficie de una nueva carretera.

La palanca vibratoria hace rotar los pesos

Cadena de transmisión

Tambor delantero

Efecto de las vibraciones

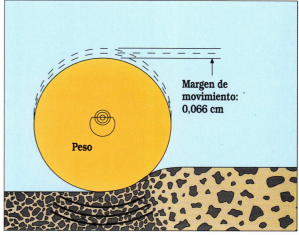

Margen de movimiento: 0,066 cm

Peso

El contrapeso situado dentro de cada tambor rota a una velocidad fija. A medida que el peso se mueve, eleva el tambor y tira de él hacia arriba y hacia abajo mientras se mueve a 4.000 vibraciones por minuto, aplastando la superficie del suelo con una fuerza centrífuga de 3.400 kilogramos. El tambor frontal proporciona la compresión inicial, y el tambor trasero sigue sus pasos, allanando aún más la superficie.

Tipos de apisonadoras

La apisonadora de carretera, no vibratoria, utiliza su enorme peso para allanar superficies.

Para realizar tareas muy especializadas se usa esta apisonadora provista de protuberancias muy resistentes a modo de adoquines.

¿Qué es una excavadora?

Una excavadora es un vehículo construido para excavar, levantar y descargar material. Estas máquinas se desplazan sobre orugas, parecidas a las de los tanques, y utilizan brazos articulados acabados en palas para excavar la tierra. Muchas excavadoras, como la que mostramos aquí, tienen también una pesada pala de acero, unida a la parte delantera, que sirve para nivelar el terreno.

Al igual que las grúas, las excavadoras utilizan cilindros hidráulicos para manipular su brazo y su pala. Otros motores y válvulas hidráulicas controlan el movimiento de las orugas y de la pala niveladora desde la cabina. Los cilindros reciben la energía del mismo motor diesel que mueve el vehículo.

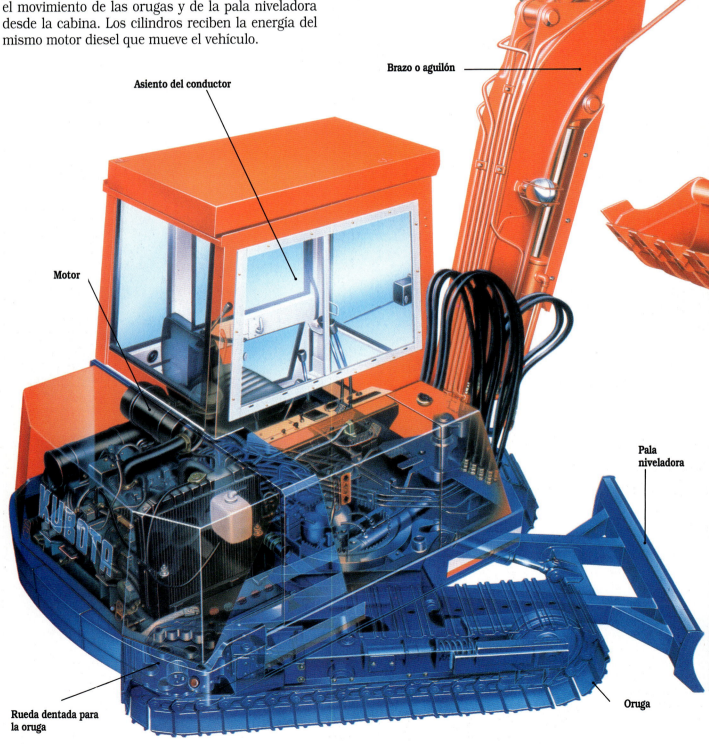

Cilindro izador

Brazo o aguilón

Asiento del conductor

Motor

Pala niveladora

Rueda dentada para la oruga

Oruga

Cómo funciona una excavadora

Cuando el motor se pone en marcha, activa unas bombas que impulsan los cilindros hidráulicos, las cuales hacen que el brazo se extienda. El conductor controla los movimientos de la pala excavadora y de la pala niveladora mediante las palancas.

Cilindro de la pala

Brazo

Pala o cesta

Cilindro izador · Cilindro de la pala excavadora

Válvula de operación

Motor

Brazo

Brazo

Cilindro del brazo

Válvula de operación

Pala excavadora

Bombas de aceite

Motor de rotación de la cabina

Motor de transmisión

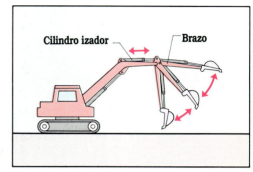

Trabajando en una cantera, una excavadora desplaza rocas y piedras con gran facilidad.

Flexión del brazo o aguilón

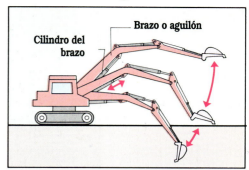

Cilindro del brazo

Brazo o aguilón

El brazo o aguilón se eleva cuando el pistón del cilindro se extiende y baja cuando el pistón se retrae.

Cilindro izador

Brazo

El pistón del cilindro del brazo controla los movimientos de éste.

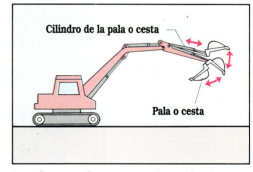

Cilindro de la pala o cesta

Pala o cesta

La pala excavadora se mueve hacia dentro o hacia fuera a medida que el pistón del cilindro se extiende o se retrae.

Otros tipos de excavadoras

La cargadora utiliza una gran pala que puede inclinarse con cualquier ángulo para cargar y verter.

La niveladora rasca y nivela el terreno con su pala montada en la parte delantera.

La movedora de tierras excava con una pala montada bajo un remolque, luego deposita la carga en otro sitio.

4
De la vela al submarino

Es probable que los humanos se aventurasen pronto en los mares, quizá limitando sus viajes a cortas expediciones a lo largo de la costa. Pero, con el tiempo, la ciencia avanzó, y los conocimientos acerca de los vientos, las corrientes y las tormentas se fueron acumulando; como resultado, los marineros empezaron a emprender viajes transoceánicos más ambiciosos, guiándose por las estrellas. En los siglos XV y XVI tuvo lugar una explosión de la navegación transoceánica, y los exploradores y los comerciantes europeos extendieron sus rutas por todo el globo. Ayudados de herramientas como el astrolabio y el compás, estos viajeros entraron en la edad dorada de los buques de vela, durante la cual las naciones en busca de riqueza y poder competían por el dominio de los mares.

Para finales del siglo XIX, las velas fueron reemplazadas por los motores. El primer barco de motor con éxito comercial, el *Clermont*, remontó a vapor el río Hudson desde Nueva York en 1807. Posteriormente, el vapor dejó paso al petróleo. En la actualidad, algunos barcos de guerra están impulsados por fisión nuclear, el mismo tipo de energía utilizada en las centrales atómicas. Los navegantes modernos hacen uso de tecnologías avanzadas, que dependen de la radio, el radar, el sonar y las transmisiones por láser, para poder pilotar con seguridad cualquier tipo de nave, desde un remolcador hasta un superpetrolero. El futuro cercano augura disponer de barcos que serán capaces de navegar con mayor velocidad y eficacia.

El mar ha albergado a una gran variedad de navíos, entre ellos *(desde abajo a la izquierda, y en el sentido de las agujas del reloj)* aerodeslizadores, grandes veleros, cruceros de guerra, hidroalas, submarinos, lanchas motoras, sumergibles y barcos de vapor.

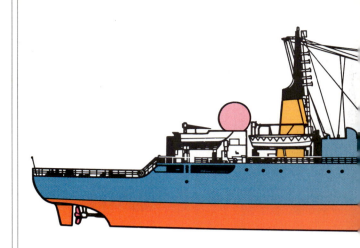

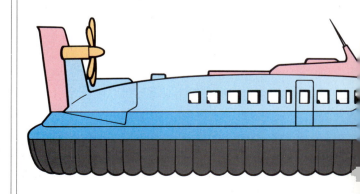

¿Cómo navegan los barcos?

Los navegantes dependen de una serie de herramientas diversas para localizar la posición de un barco en el mar, entre ellas los girocompases, velocímetros, mapas y las sondas de profundidad. Trabajando con mapas de navegación detallados, un marino próximo a la costa determina el rumbo deseado de un punto a otro. A continuación, observa el nivel de profundidad, el movimiento hacia delante y la orientación del compás, suma los efectos de las mareas y corrientes y escruta la costa en busca de rasgos identificables que le sirvan de puntos de referencia. Basándose en estos datos, siempre cambiantes, el marino ajusta su rumbo, como se ilustra aquí. Algunos marinos son capaces de navegar utilizando las estrellas, pero con más frecuencia utilizan modernos instrumentos de radio para encontrar la dirección, o incluso sistemas más recientes basados en satélites, que proporcionan datos ajustados aun con niebla o en alta mar.

Isla

Torre del faro

Cumbre de la montaña

N

Rumbo ajustado

El girocompás compara el rumbo del barco con el norte real. Los puntos de referencia se toman observando la costa a través del cuadrante.

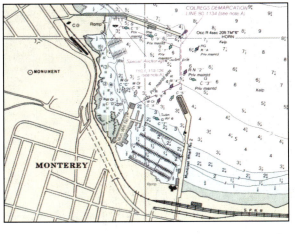

Los mapas, como éste de la bahía de Monterrey en California, Estados Unidos *(izquierda),* revelan la profundidad de las aguas, las ayudas a la navegación y los posibles peligros, como restos de naufragios, arrecifes de coral o rocas hundidas.

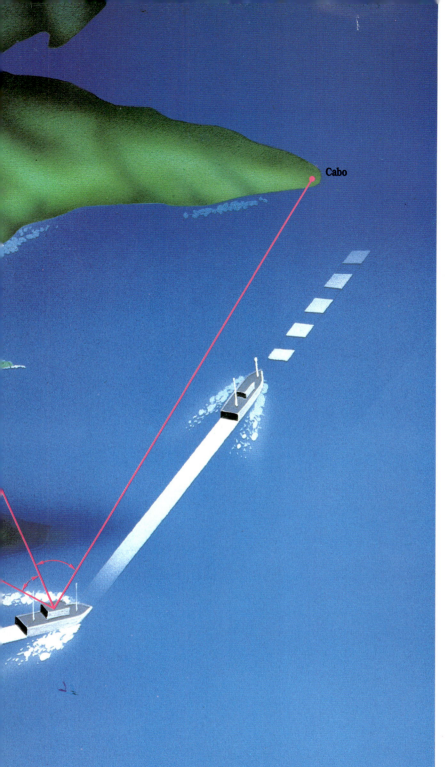

Cabo

Determinación de la posición

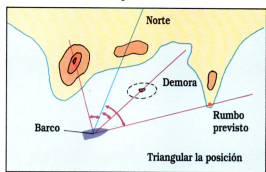

Norte

Demora

Rumbo
previsto

Barco

Triangular la posición

El piloto traza el rumbo previsto en un mapa y observa
dos líneas de rumbo o demora que se cruzan en el
punto aproximado donde se encuentra el barco.

Determinación del rumbo a partir de estimaciones

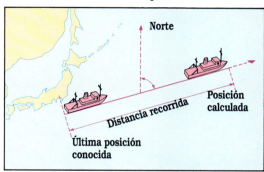

Norte

Posición
calculada

Distancia recorrida

Última posición
conocida

Conociendo la velocidad del barco y el tiempo de viaje
transcurrido se puede anotar el progreso sobre el rumbo
previsto, lo que proporciona una estimación aproximada
de la situación del barco.

Rumbo por ondas de radio

Radio
A

Norte

Radio
B

Onda de radio

Onda de radio

Posición del barco

Los modernos localizadores de radio convierten las
señales de los radiofaros a lo largo de la costa en
demoras de compás.

En línea con "loran"

Las líneas curvas representan modelos de ondas de
radio generadas por un transmisor principal en el
punto A y un par de transmisores secundarios en los
puntos B y C. Con un receptor especial, los barcos
pueden sintonizar estas señales de radio, generadas
por un sistema situado en la costa, conocido como
"loran", abreviación inglesa para la navegación de largo
alcance *(long-range)*. Para determinar una posición, un
receptor compara los tiempos de llegada de las señales
de las estaciones. Los navegantes solían consultar
manuales y realizar cálculos para trazar su posición.
(En el caso de la derecha, se ha determinado que el
barco se encuentra situado en el punto P.)
Los dispositivos loran más modernos proporcionan
automáticamente la longitud y la latitud.

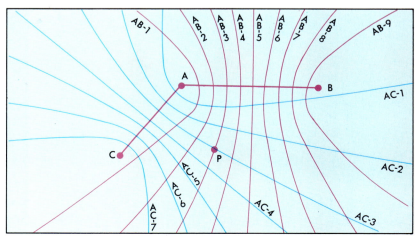

¿Cómo navegan los barcos en medio de la niebla?

Las espesas nieblas y las noches nubladas solían constituir un serio problema para los marinos, que, para orientarse, tenían que observar la costa o el cielo. Pero los modernos equipos de radar y de sonar ven a través de las nubes más espesas, permitiendo a los barcos navegar con seguridad.

Midiendo los tiempos de rebote de las ondas de radio, los dispositivos de radar localizan objetos dentro de una determinada distancia de un barco y configuran un mapa visual de éstos. Los localizadores de profundidad se valen de pulsos ultrasónicos que rebotan en el lecho marino para medir la profundidad del agua en metros o brazas (1 braza equivale a 6 pies, o a 1,8 metros). Junto con los dispositivos loran marcadores de posición, estos "ojos" mecánicos proporcionan información de forma constante. Aun sin visibilidad, el navegante será capaz de evitar arrecifes e islas, localizar canales y dejar libre para los otros barcos gran cantidad de espacio marino.

Sondeo de las profundidades

Un sonar localizador de profundidad, o sonda ecoica, emite pulsos sonoros y mide cuánto tiempo tardan en volver. Una computadora multiplica ese tiempo de retorno por la velocidad del sonido —aproximadamente 1.510 metros por segundo en el agua— y divide el resultado entre dos para calcular la profundidad, que se muestra en metros o en brazas.

Una moderna sonda ecoica muestra una lectura.

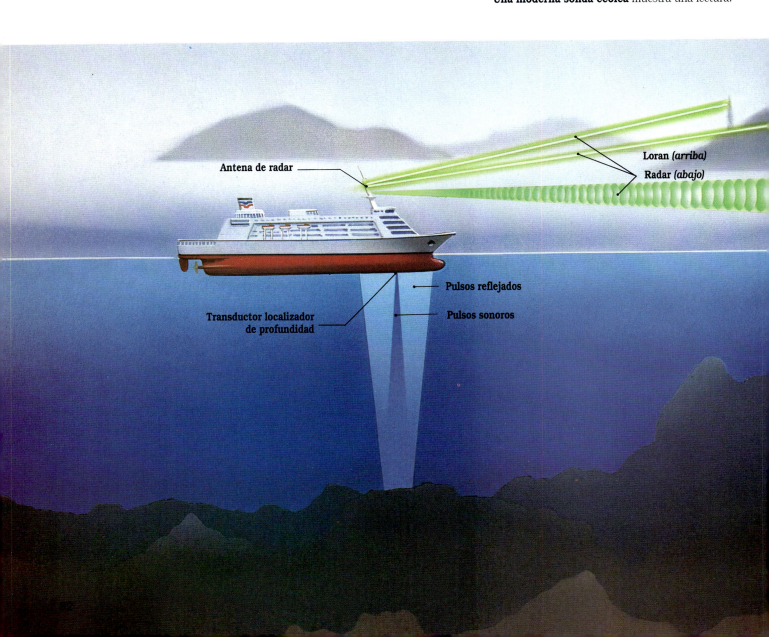

Antena de radar

Loran *(arriba)*

Radar *(abajo)*

Pulsos reflejados

Pulsos sonoros

Transductor localizador de profundidad

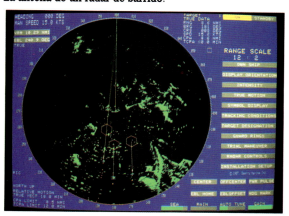

La antena de un radar de barrido.

En la pantalla de un radar aparecen destellos.

Una máquina con vista de pájaro

Aun en la oscuridad más absoluta, el radar proporciona a los navegantes visiones detalladas del entorno inmediato del buque. Al tiempo que la antena *(izquierda)* del radar gira sobre sí misma, envía una ráfaga de señales de radio y luego escucha sus ecos *(abajo, izquierda)*. A partir de esta información, un operador de radar experto es capaz de formarse una imagen mental de la costa, los barcos y otros objetos situados alrededor del buque. Desgraciadamente, el radar no detecta bien los barcos veleros o los de fibra de vidrio, así que los pilotos tienen que estar siempre alerta.

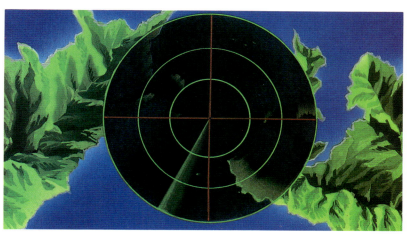

Reglas de las rutas marinas

Además de los instrumentos, los navegantes disponen de un conjunto estándar de códigos que les ayudan a evitar las colisiones. Por ejemplo, los barcos tienen que exhibir luces intermitentes de ciertos colores en determinadas posiciones, como se muestra abajo, de manera que su rumbo y orientación puedan ser vistos inmediatamente.

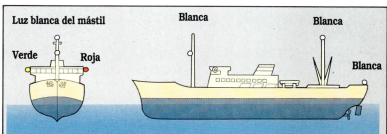

Luz blanca del mástil — Verde — Roja — Blanca — Blanca — Blanca

En los puertos y bahías muy concurridos, los barcos siguen unas reglas universales para pasar y ceder el paso. Los barcos que convergen deben virar a la derecha, o a estribor. Un barco que adelanta a otro tiene que hacer sonar su sirena y pasar por el lado más despejado.

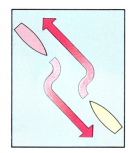

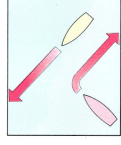

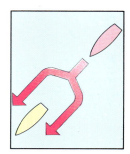

Cuando se acercan de frente, los dos barcos giran a estribor.

Al cruzarse dos cursos, un barco vira detrás del otro.

El barco que adelanta pasa por el lado en donde hay más espacio libre.

¿Cómo funciona la navegación por satélite?

Girando alrededor del globo, los satélites de navegación envían corrientes continuas de señales de radio. Estos satélites —que pertenecen al Sistema de Satélites de Navegación Naval (NNSS) de Estados Unidos y, más recientemente, al Sistema de Posicionamiento Global (GPS)— permiten que los barcos determinen su posición en el mar con gran precisión, día y noche.

Básicamente, un receptor de radio NNSS o GPS a bordo de un barco capta las ondas de radio que los satélites emiten a determinadas frecuencias. Estas señales pasan a una computadora incorporada. Esta computadora decodifica las señales y obtiene información acerca del tiempo de transmisión y localización del satélite en su órbita. (Estos datos son emitidos a los satélites NNSS desde estaciones terrestres, mientras que los satélites GPS disponen de sus propios relojes e instrumentos de seguimiento a bordo.)

Entonces la computadora encuentra la distancia entre el barco y el satélite. Se toman distintas lecturas a diferentes intervalos, y finalmente se obtienen suficientes medidas para que la computadora calcule la longitud y la latitud.

Navegación siguiendo la red NNSS

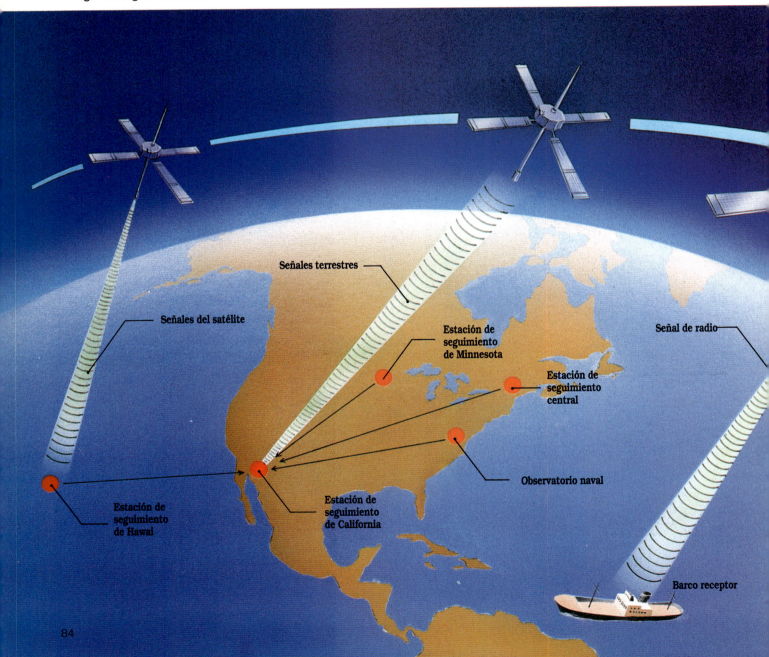

Señales terrestres

Señales del satélite

Estación de seguimiento de Minnesota

Estación de seguimiento central

Señal de radio

Estación de seguimiento de Hawai

Estación de seguimiento de California

Observatorio naval

Barco receptor

Solución a un problema de geometría orbital

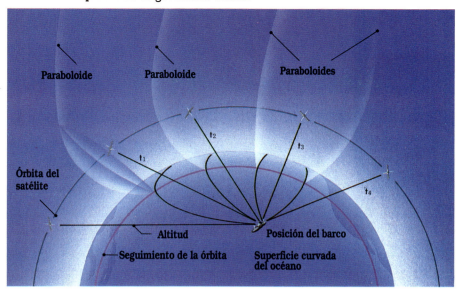

Correcciones para un globo esférico

Normalmente, los barcos están a una cierta distancia de un satélite, sobre una superficie del planeta curvada. Para corregir esto, las computadoras proyectan líneas curvas (parabólicas) desde los puntos de altitud C1 y C2 y un punto intermedio entre los dos. La intersección de altitudes y líneas parabólicas, P, determina la posición real del barco.

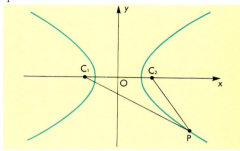

En esencia, un satélite en movimiento y las emisiones de radio enviadas a intervalos (t1-t4) trazan porciones de tarta imaginarias en el cielo. Conociendo la longitud de una sección de arco de la órbita y las longitudes de dos segmentos de la porción, es posible calcular el vértice de la porción, es decir, la posición del receptor. Se realizan ciertos ajustes para la curvatura de la Tierra *(véase arriba)*.

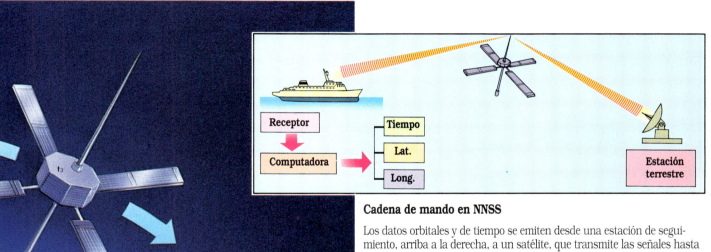

Cadena de mando en NNSS

Los datos orbitales y de tiempo se emiten desde una estación de seguimiento, arriba a la derecha, a un satélite, que transmite las señales hasta un receptor. Una computadora las analiza y calcula la longitud y latitud.

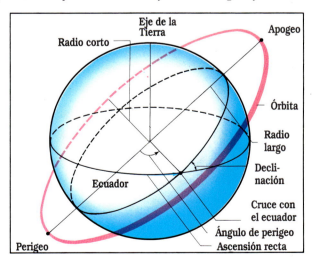

Seguimiento de un satélite

Los que realizan el seguimiento de satélites deben conocer el radio más largo de un satélite, su radio medio, el grado de inclinación de la órbita respecto al eje de la Tierra, la altura menor (perigeo) y el tiempo de perigeo, entre otros datos.

¿Cómo navegaban los barcos en el pasado?

Antes de los modernos satélites y la tecnología informática, los marinos se aventuraban en los océanos del mundo provistos de una serie de ingeniosos artefactos. Uno de los más antiguos, el astrolabio, era una forma simplificada de un instrumento astronómico árabe adaptado a su uso en el mar. Sus esferas y agujas eran un medio de medir los ángulos entre el horizonte y el sol u otros cuerpos celestes, ángulos que podían ser trasladados a latitudes terrestres.

El cuadrante y el sextante, inventados entre la Edad Media y el Renacimiento, eran más simples y precisos, y gradualmente fueron reemplazando al astrolabio. Los compases con esferas calibradas, perfeccionados en el siglo XI, permitían a los marinos gobernar el barco siguiendo rumbos determinados. Hacia el 1400, el cálculo de la posición también había evolucionado. Se tiraban al agua unas astillas atadas a unas cuerdas largas con nudos a intervalos específicos, mientras que un reloj de arena marcaba el tiempo, proporcionando así una medida aproximada de la velocidad del barco.

Lectura de la latitud

El marino medieval medía la latitud, o posición respecto al ecuador, observando el sol y las estrellas. El ángulo de elevación de un cuerpo determinado se medía con un astrolabio *(derecha)* o un cuadrante *(derecha, en el centro)*. Entonces, el marino consultaba un mapa llamado efemérides para determinar dónde se encontraba el barco.

Astrolabio

Cuadrante

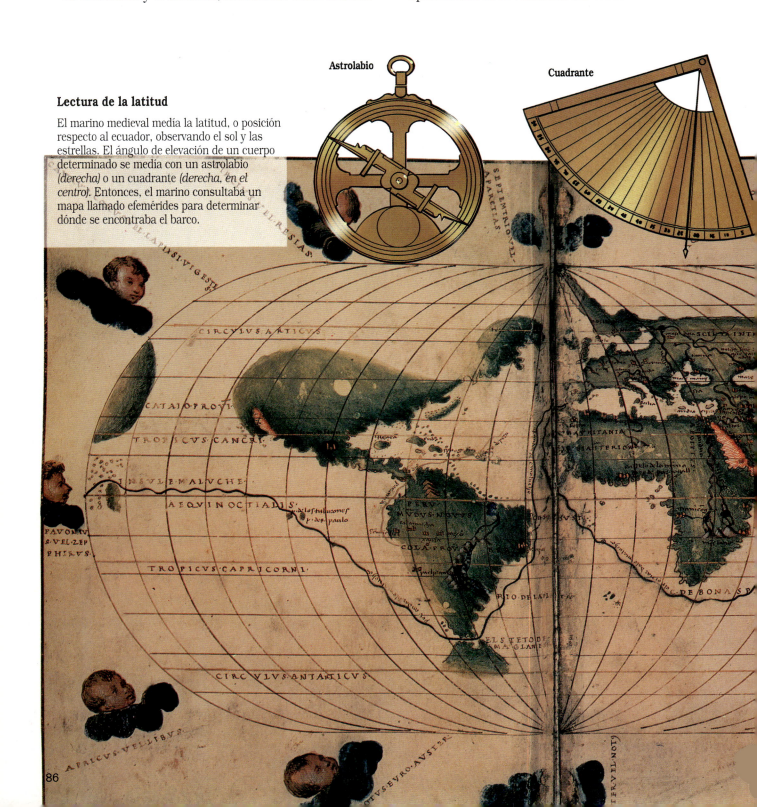

Adivinar la longitud

Los navegantes calculaban la longitud con la ayuda de relojes de arena y pesadas cuerdas anudadas. La arena, al deslizarse dentro del reloj, daba la información acerca del tiempo transcurrido. La velocidad se medía dejando caer la cuerda al agua y contando los nudos a medida que iba desenrollándose de un carrete, situado en el barco, durante un breve intervalo de tiempo prefijado. Al multiplicar el tiempo de viaje total del día por la velocidad, se obtenía la distancia recorrida. Conociendo el punto de partida del barco y lo que avanzaba cada día, los pilotos podían obtener una medida muy poco precisa del movimiento este-oeste.

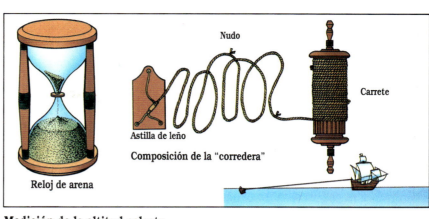

Nudo

Carrete

Astilla de leño

Composición de la "corredera"

Reloj de arena

Un compás medieval

Una aguja de hierro fijada a una carta circular pintada giraba sobre una clavija central y señalaba siempre al polo norte magnético de la Tierra.

Medición de la altitud celeste

Para determinar la altitud de un cuerpo celeste, un navegante tenía que mirar por una ballestilla metálica hacia su objetivo, y a continuación deslizar unos travesaños de diferentes longitudes hacia su ojo y medir hasta el horizonte. El eje estaba marcado con altitudes.

Ballestilla

El barco de la ilustración inferior regresó a España, al puerto de Sanlúcar de Barrameda, en 1522, transportando a la tripulación de Fernando Magallanes en la primera expedición realizada alrededor del mundo. La línea ondulada trazada sobre el mapa de 1543, a la izquierda, muestra la ruta que siguió. Magallanes murió durante el trayecto, en Filipinas. Fue el español Juan Sebastián Elcano quien completó la primera vuelta al mundo.

El *Victoria*, el primer barco que dio la primera vuelta al mundo, al mando de Juan Sebastián Elcano

¿Cómo era el barco de Colón?

Si alguna vez existieron esquemas exactos de la nave principal de Colón, la *Santa María*, éstos se perdieron para la historia; sin embargo, las descripciones de embarcaciones similares dan a los estudiosos una idea de su aspecto. Se trataba de una nao, un tipo de navío comercial de fondo redondeado y proa alta, con tres o cuatro mástiles y un bauprés que se extendía en ángulo desde el castillo de proa, o superestructura situada en la parte delantera. Tales barcos solían tener velas rectangulares y triangulares, y, en el palo de mesana, ondeaba una vela triangular latina.

Las otras dos naves de la expedición, la *Niña* y la *Pinta*, eran barcos más pequeños y ligeros llamados carabelas, de una longitud de entre 15 y 24 metros. Cuando la *Santa María* embarrancó frente a las costas de la isla Hispaniola, Colón asumió el mando de la *Niña*.

Dimensiones básicas

De entre 21 y 24 metros de largo y entre 6 y 9 de ancho, la *Santa María* obtenía la mayor parte de la fuerza de las velas mayores y de las de proa. Era capaz de transportar unas 100 toneladas de carga.

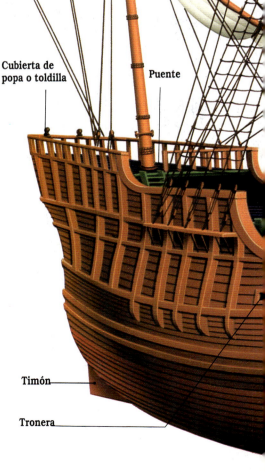

Vela mayor

Palo de mesana

Vela latina

Cubierta de popa o toldilla

Puente

Timón

Tronera

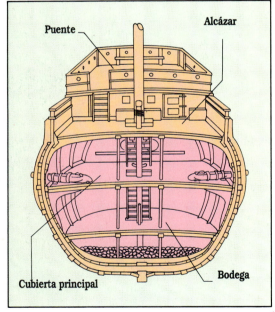

Puente

Alcázar

Cubierta principal

Bodega

Un bajel de altura

La *Santa María* estaba aparejada con velas cuadradas y latinas, sujetas con cuerdas y que colgaban perpendiculares a la quilla. Se gobernaba desde el puente por medio de la caña del timón. Los marineros dormían y comían en la cubierta principal, y los víveres se almacenaban en la bodega. Como la mayoría de las naos, la *Santa María* llevaba cañones para defenderse. El castillo de proa sobresalía mucho más allá de la proa del barco.

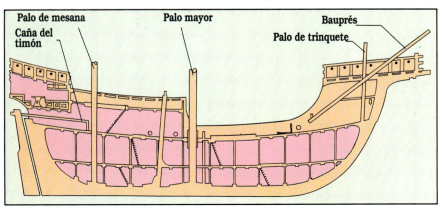

Palo de mesana

Caña del timón

Palo mayor

Palo de trinquete

Bauprés

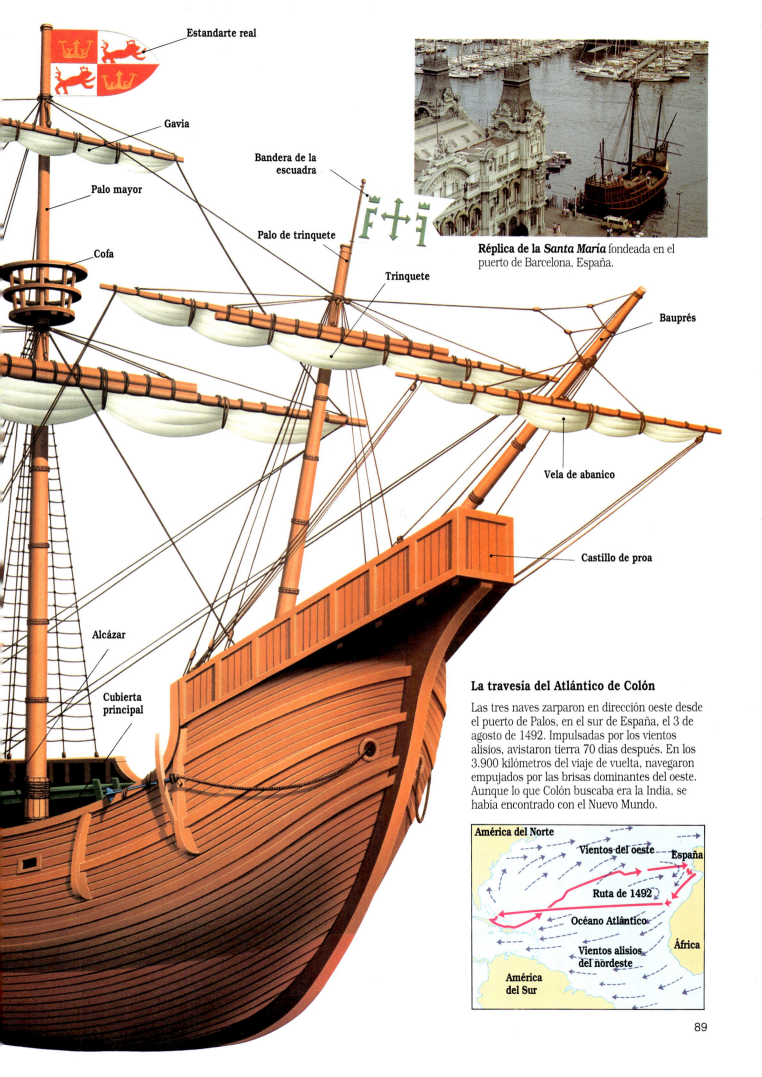

Estandarte real

Gavia

Palo mayor

Cofa

Alcázar

Cubierta
principal

Bandera de la
escuadra

Palo de trinquete

Trinquete

Bauprés

Vela de abanico

Castillo de proa

Réplica de la *Santa María* fondeada en el
puerto de Barcelona, España.

La travesía del Atlántico de Colón

Las tres naves zarparon en dirección oeste desde
el puerto de Palos, en el sur de España, el 3 de
agosto de 1492. Impulsadas por los vientos
alisios, avistaron tierra 70 días después. En los
3.900 kilómetros del viaje de vuelta, navegaron
empujados por las brisas dominantes del oeste.
Aunque lo que Colón buscaba era la India, se
había encontrado con el Nuevo Mundo.

América del Norte

Vientos del oeste

España

Ruta de 1492

Océano Atlántico

África

Vientos alisios
del nordeste

América
del Sur

¿Qué eran los vapores de ruedas?

Ya en el siglo XV, algunos inventores habían experimentado con el vapor como medio propulsor de barcos. Pero el primer vapor de ruedas práctico no se construyó hasta 1807. El americano Robert Fulton incorporó un motor de vapor, de 20 caballos de fuerza, a una barcaza de madera de 101 toneladas y 40 metros de largo. Este motor impulsaba unas ruedas, montadas a los lados, que tenían 4,5 metros de diámetro y que hacían girar una serie de paletas que golpeaban el agua; como resultado, el barco avanzaba. Conocida como la *New North River Steamboat of Clermont*, esta embarcación remontaba regularmente el río Hudson, hacia el norte, desde Nueva York hasta Albany. En 1839, unos mil barcos de vapor, entre ellos los de rueda lateral, simple o doble, y los de rueda en la popa, cruzaban los lagos y ríos americanos, libres de la incertidumbre propia de la dependencia del viento.

Chimenea

Motor de vapor

Calor y compresión

Tal y como lo perfeccionó el ingeniero escocés James Watt a finales del siglo XVIII, el motor de vapor quemaba madera o carbón en un horno para calentar agua en una caldera metálica. El vapor resultante proporcionaba la presión necesaria para impulsar un pistón. Barras y manivelas o cigüeñales transformaban el movimiento vertical del pistón en movimiento circular, haciendo girar el eje de la rueda y las paletas unidas a él.

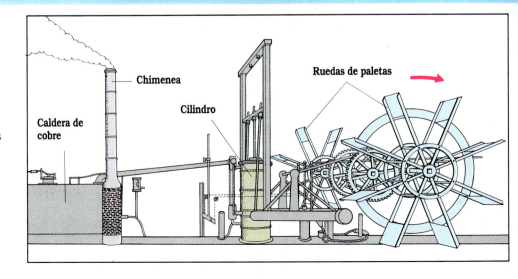

Chimenea

Caldera de cobre

Cilindro

Ruedas de paletas

La embarcación pionera de Fulton

El *Clermont*, largo y plano, alcanzaba una velocidad media de 4 nudos, es decir, unos 8 kilómetros por hora. Emprendió su viaje inaugural en agosto de 1807, recorriendo con sus paletas 240 kilómetros, río arriba, en 32 horas. Poco después, empezó a funcionar de forma regular, transportando hasta 100 pasajeros en su travesía nocturna. La embarcación disponía de camarotes, además de literas. Posteriormente, este primer barco de vapor americano fue reconstruido y ampliado, y en su segunda época, navegó por el río Hudson hasta que fue retirado, en 1814.

Ruedas de paletas

Otros intentos iniciales

En 1543 un primitivo barco de vapor construido por el español Blasco de Garay recorrió 10 kilómetros en 3 horas. Pero este tipo de barcos no resultaron realmente prácticos hasta el siglo XVIII.

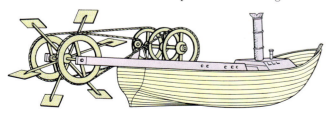

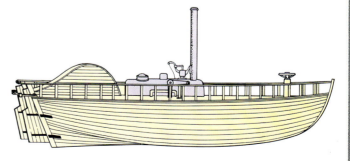

Un remolcador, patentado en 1736 por el británico Jonathan Hulls, fue el primero en utilizar el movimiento de los pistones impulsados por vapor para hacer girar una rueda situada en la popa del barco.

Un barco de vapor que funcionó con éxito, el *Charlotte Dundas*, diseñado en 1801 por William Symington, remolcó dos barcazas durante seis horas en su viaje de prueba en Escocia.

¿Cómo funciona un hidroala?

Cuando los barcos convencionales se acercan a su velocidad máxima, aumenta la resistencia de las olas y la fricción del agua desplazada por el casco. Para superar este lastre sobre el casco, el hidroala reúne características aerodinámicas propias de los aeroplanos.

Unos motores de turbina accionan grandes bombas expulsoras de chorros de agua que producen el impulso que hace avanzar la nave. Cuando el barco alcanza velocidades de unos 48 kilómetros por hora, las diferencias de presión creadas por las alas elevan el casco por encima del agua, reduciendo el lastre. La velocidad máxima es de unos 96 kilómetros por hora.

Para mantener el barco estable y maniobrable, unos alerones controlados por computadora operan en las alas delantera y trasera. Unos sensores miden la posición del casco sobre el agua y unos giroscopios se ocupan de precisar la inclinación delantera y lateral. Esta información pasa a una computadora que ajusta automáticamente la marcha. Para detenerse o cambiar el rumbo, se giran los chorros hacia abajo o hacia un lado.

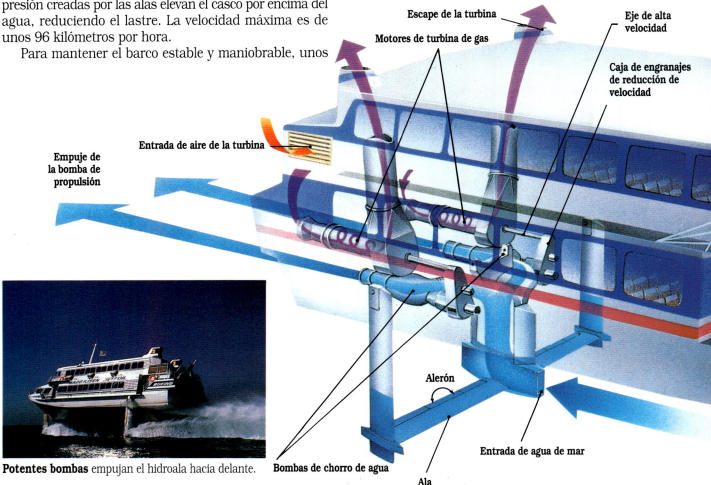

Escape de la turbina

Motores de turbina de gas

Eje de alta velocidad

Caja de engranajes de reducción de velocidad

Entrada de aire de la turbina

Empuje de la bomba de propulsión

Alerón

Entrada de agua de mar

Bombas de chorro de agua

Ala

Potentes bombas empujan el hidroala hacia delante.

En aguas poco profundas

Inventado en 1905 por un ingeniero italiano, el hidroala flota a poca velocidad. En aguas poco profundas, el piloto esconde las alas traseras y eleva el ala delantera.

Ala delantera

A gran velocidad

En aguas más profundas, se bajan las alas. A medida que la velocidad aumenta, el peso del barco pasa casi por entero a las alas, que suben hasta la superficie del agua empujadas desde abajo.

Alas extendidas

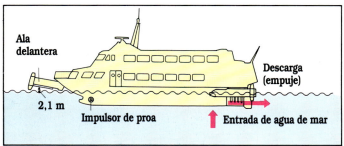

Ala delantera

Descarga (empuje)

2,1 m

Impulsor de proa

Entrada de agua de mar

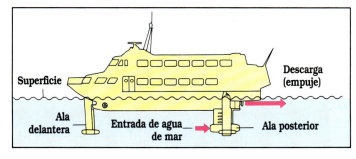

Superficie

Ala delantera

Entrada de agua de mar

Descarga (empuje)

Ala posterior

Energía para la bomba

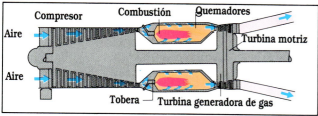

Un compresor axial aspira aire dentro de la turbina, al tiempo que se produce la combustión del diesel en seis quemadores. La energía pasa desde la turbina a través del eje y de la caja de engranajes hasta la bomba.

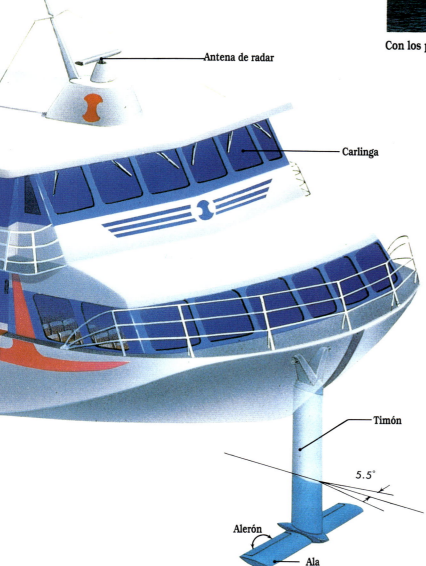

- Antena de radar
- Carlinga
- Timón
- 5.5°
- Alerón
- Ala

Ajustes del vuelo por ordenador

Cuando está sobre las alas, el barco se controla desde la carlinga como un avión. Una computadora ajusta los alerones en las alas para aumentar o disminuir la ascensión y gira los puntales delanteros para cambiar de dirección. Cuando está flotando, el barco gira desviando las toberas a derecha o a izquierda, cambiando así la dirección del empuje. Un control cuidadoso del impulsor de proa permite movimientos laterales cuando el barco entra o sale del muelle.

Con los puntales de las alas en el aire, un hidroala vuela sobre el mar.

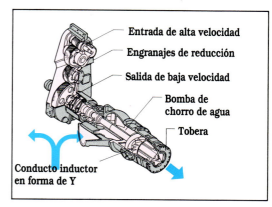

Caja de engranajes más bomba igual a empuje

Una caja de engranajes disminuye las 12.700 revoluciones por minuto de la turbina a 2.000. El agua entra en el inductor de la bomba y sale a chorro por las toberas.

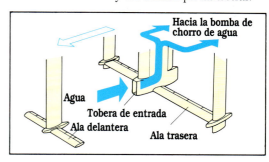

Las toberas de entrada, o inyectores, en los puntales sumergidos suministran 91.000 litros de agua de mar por minuto a los chorros de agua. Cuando el barco se sostiene sobre las alas, el agua de mar se filtra a través de una pantalla hacia una entrada en el casco.

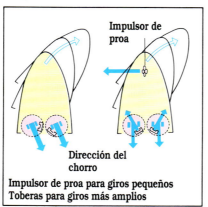

- Impulsor de proa
- Dirección del chorro

**Impulsor de proa para giros pequeños
Toberas para giros más amplios**

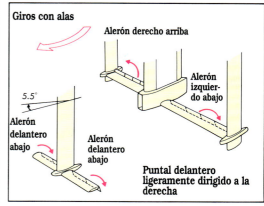

Giros con alas
- Alerón derecho arriba
- Alerón izquierdo abajo
- 5.5°
- Alerón delantero abajo
- Alerón delantero abajo

Puntal delantero ligeramente dirigido a la derecha

¿Qué es un aerodeslizador?

Técnicamente, un aerodeslizador no es un barco sino un vehículo dotado de un colchón de aire. En reposo, flota sobre el agua, pero en movimiento viaja sobre un colchón de aire de un espesor de metro y medio, y solamente la goma roza la superficie. Unos ventiladores situados debajo de la goma expulsan aire con fuerza contra la superficie del agua para crear el colchón, mientras que unas hélices en cubierta empujan la embarcación hacia delante. Unos motores de turbina de gas suministran energía tanto a los ventiladores como a las hélices. Los aerodeslizadores también pueden viajar por tierra, pero se utilizan más como transbordadores. Los más grandes alcanzan velocidades de hasta 120 kilómetros por hora, casi el doble que los barcos más rápidos. Sin embargo, los aerodeslizadores no son lo suficientemente estables como para enfrentarse a vientos fuertes o a alta mar.

Antena del radar

Cabina de pasajeros

Carlinga

Compartimento del ancla

Impulsor lateral

Surcando las aguas por el aire

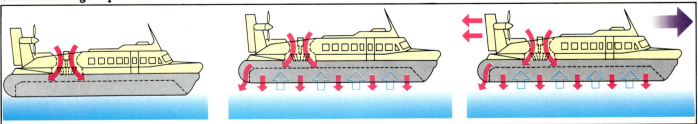

El aire aspirado en los ventiladores se expulsa hacia el agua y queda atrapado por los faldones inflados.

El colchón de aire comprimido eleva el aerodeslizador, de modo que sólo el borde de los faldones inflados toca el agua.

El empuje posterior de las hélices en la popa se convierte en movimiento hacia delante del aerodeslizador.

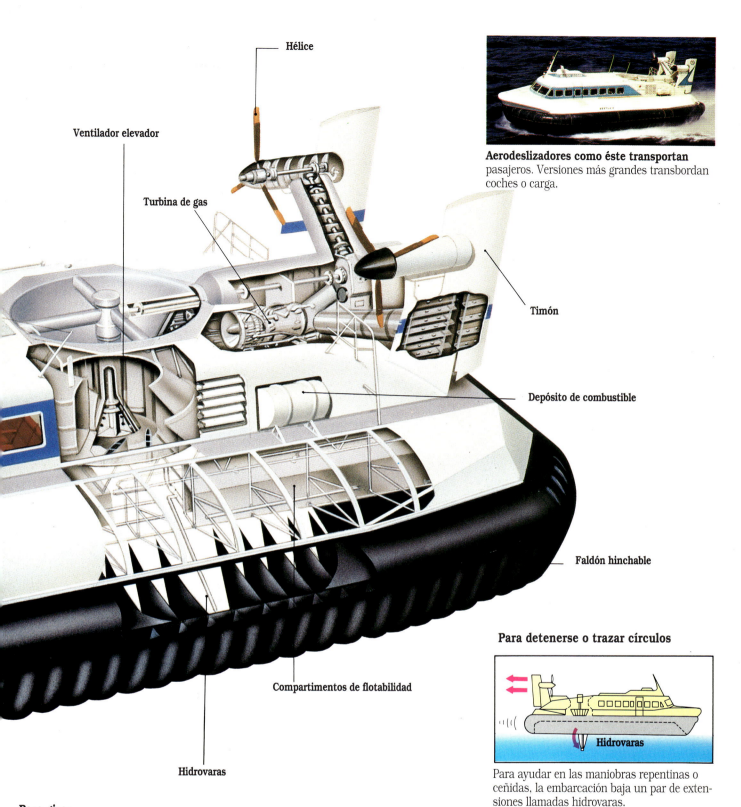

Hélice

Ventilador elevador

Turbina de gas

Timón

Depósito de combustible

Faldón hinchable

Compartimentos de flotabilidad

Hidrovaras

Aerodeslizadores como éste transportan pasajeros. Versiones más grandes transbordan coches o carga.

Para detenerse o trazar círculos

Hidrovaras

Para ayudar en las maniobras repentinas o ceñidas, la embarcación baja un par de extensiones llamadas hidrovaras.

Para girar

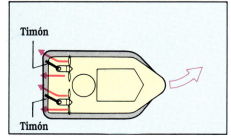

Timón

Timón

En movimiento, la embarcación gira con sus timones. Al orientarlos hacia la izquierda, la proa gira en esa dirección, es decir, a babor.

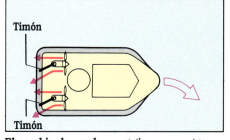

Timón

Timón

El cambio de rumbo a estribor se consigue haciendo que los timones apunten a la derecha.

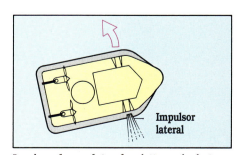

Impulsor lateral

Los impulsores laterales detienen la deriva lateral. Arriba, el empuje desde estribor desvía el morro a babor.

¿Cómo se sumergen y emergen los submarinos?

A pesar de que los submarinos flotan con facilidad, son capaces de sumergirse hasta el fondo del océano y navegar por él, a veces durante muchos meses. El secreto reside en la construcción de doble casco, exclusiva de los submarinos. Entre el casco interior y el exterior existen unos compartimentos especiales, o depósitos de lastre, que se llenan de agua, aumentando así el peso global de la nave y reduciendo su flotabilidad. Impulsada hacia delante por la hélice y guiada hacia abajo por unos timones horizontales,

llamados hidroplanos, la nave se hunde. El casco de acero interior está diseñado de tal manera que es capaz de soportar las enormes presiones que se forman en las profundidades. Una vez sumergido, el submarino se mantiene estable gracias a unos depósitos de asiento dispuestos a lo largo de la quilla. Para salir a la superficie, el submarino vacía su lastre de agua. Las principales herramientas de navegación de que dispone son los periscopios, el radar, el sonar y las redes de satélites.

El *Upholder*, submarino de la Marina Real Británica

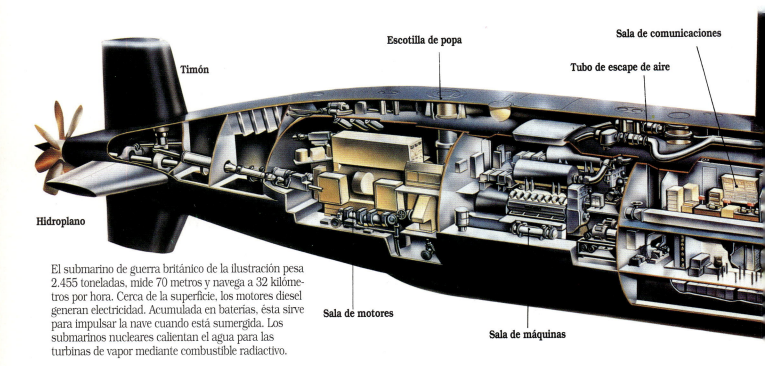

Escotilla de popa

Sala de comunicaciones

Tubo de escape de aire

Timón

Hidroplano

El submarino de guerra británico de la ilustración pesa 2.455 toneladas, mide 70 metros y navega a 32 kilómetros por hora. Cerca de la superficie, los motores diesel generan electricidad. Acumulada en baterías, ésta sirve para impulsar la nave cuando está sumergida. Los submarinos nucleares calientan el agua para las turbinas de vapor mediante combustible radiactivo.

Sala de motores

Sala de máquinas

Inmersión y emersión

A flote, en la superficie, se dice que un submarino se encuentra en un estado de flotabilidad positiva, sus depósitos de lastre están llenos de aire *(derecha)*. Durante la inmersión *(derecha, en el centro)*, adquiere flotabilidad negativa a medida que se expulsa el aire a través de unas válvulas de purga y entra agua a través de unas portillas. Para navegar a una profundidad constante por debajo de la superficie, el submarino emplea una técnica equilibradora mediante la cual se inyecta aire comprimido en los depósitos y se dejan las portillas abiertas. Este estado se conoce como flotabilidad neutra. Para salir a la superficie *(extremo derecha)* hay que vaciar los depósitos de agua utilizando aire comprimido, que se transporta a bordo.

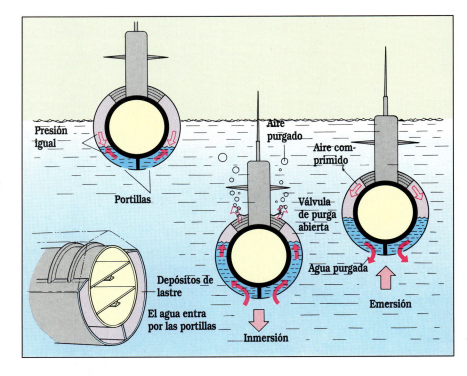

Presión igual

Portillas

Depósitos de lastre

El agua entra por las portillas

Aire purgado

Aire comprimido

Válvula de purga abierta

Agua purgada

Emersión

Inmersión

Snorkel de escape
de aire

Snorkel de aire

El espacio escasea en el interior de un
submarino. Arriba, los marineros almuerzan
en el comedor de la nave. Arriba a la derecha,
un submarino americano emerge. A la
derecha, los estrechos compartimentos donde
duerme la tripulación.

Casco exterior

Casco interior   Escotilla de proa

Conducto de torpedos

Sonar

Sala de control

Compartimento de las baterías

Alojamientos   Sala de torpedos

Hidroplano delantero

Aire fresco bajo el agua

Los submarinos más sofisticados producen sus
propias reservas de agua potable a partir del agua
de mar. También obtienen aire por electrólisis, un
proceso que libera oxígeno a partir del agua
potable. Cuando navegan cerca de la superficie,
los submarinos pueden recoger aire fresco y
expulsar el aire viciado a través de unos tubos de
respiración, o *snorkels*, que están protegidos por
unas pestañas que se abren cuando están por
encima de la superficie. Los *snorkels*, junto con el
periscopio, la antena de radio y otros mástiles, se
elevan por encima de la estructura superior del
submarino, o torreta, como puede verse a la
derecha. Diariamente se controla la calidad del
aire, para asegurar que los niveles de oxígeno son
los adecuados. Además, el aire pasa por unos
filtros que eliminan las impurezas. La expulsión
del aire viciado se hace a través de un sistema de
extracción independiente.

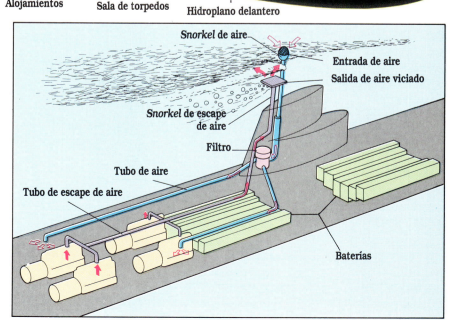

Snorkel de aire

Entrada de aire

Salida de aire viciado

Snorkel de escape
de aire

Filtro

Tubo de aire

Tubo de escape de aire

Baterías

¿Cómo está construido un barco rompehielos?

La mayoría de los barcos están diseñados con un casco de cubierta estrecha, en forma de V, de proa casi vertical y con propulsores o hélices impulsados directamente por el motor. Pero los rompehielos están adaptados especialmente para navegar por mares llenos de bloques de hielo flotantes y obstruidos por gruesas capas de hielo. Estos barcos son enormes, dotados de una armadura de acero que les permite romper hielo de hasta 11 metros de grosor sin perforarse o abollarse. Sus amplios cascos de fondo redondeado también contribuyen a evitar estos peligros.

Los potentes motores del barco empujan la proa en forma de cuchara contra el hielo compacto hasta que el propio peso de la carga suele bastar para abrirse paso. Para generar la energía necesaria para esta maniobra, la hélice, bien protegida bajo el casco, es impulsada indirectamente por un motor eléctrico, que permite que el barco se mueva a velocidades muy bajas.

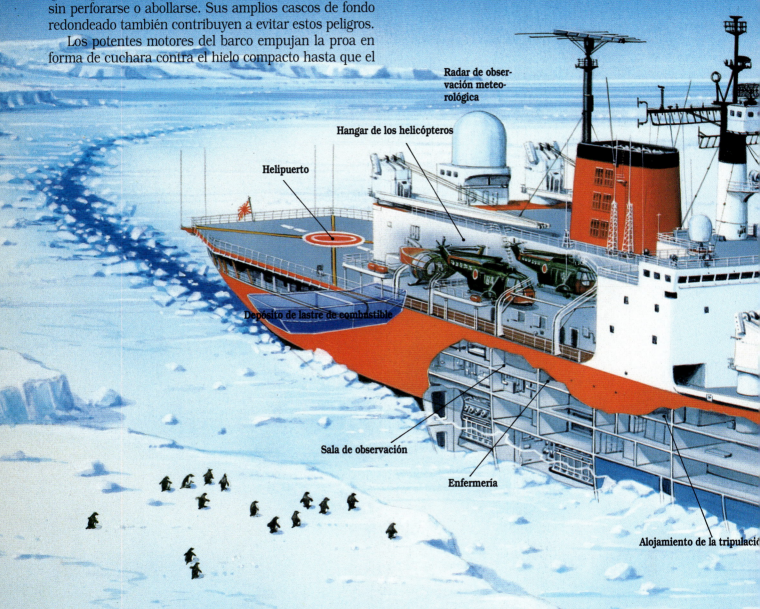

Radar de observación meteorológica

Hangar de los helicópteros

Helipuerto

Depósito de lastre de combustible

Sala de observación

Enfermería

Alojamiento de la tripulación

Estrategias para abrir rutas marinas

La tarea de abrir y mantener pasillos hasta los campos petrolíferos del Ártico, hasta los puestos avanzados aislados de tipo científico o militar y hasta los puertos estratégicos del norte recae sobre los barcos rompehielos. El simple empuje de los pesados navíos permite abrirse paso a través de capas finas de hielo. Cuando tiene que ampliar una abertura o se encuentra aprisionado por los témpanos de hielo, el rompehielos se balancea, haciendo pasar agua entre sus depósitos de escora dispuestos a lo largo del casco, como se muestra a la derecha. Los movimientos del barco rompen y fragmentan las capas de hielo que lo flanquean. Algunos rompehielos tienen impulsores laterales montados en la quilla para colaborar en este movimiento lateral.

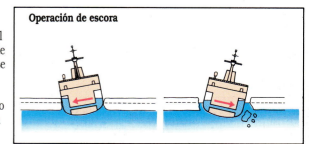

Operación de escora

El *Shirase*, **un rompehielos japonés** de 134 m, obtiene energía de tres motores diesel que alimentan los motores eléctricos de las hélices. La energía de salida máxima alcanza los 90.000 caballos de vapor.

Puente volante

Grúa

5002

Depósito de lastre de combustible

Un barco muy evolucionado

Cuando un piloto se sienta en el puente volante, contempla un barco que ha sido construido para sobrevivir a los rigores de los mares polares.

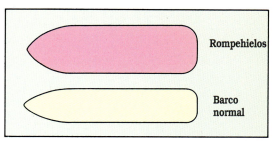

Rompehielos

Barco normal

Un rompehielos típico es más ancho, en relación con su longitud, que un barco normal. Esto le proporciona estabilidad y aumenta su capacidad de carga.

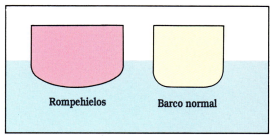

Rompehielos   Barco normal

El perfil en forma de cuenco se libra más fácilmente de los bloques de hielo que podrían atrapar a un barco convencional. También resiste mejor la presión del hielo.

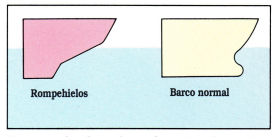

Rompehielos   Barco normal

La proa en ángulo agudo y en forma de cuchara está diseñada para atravesar el hielo compacto, mientras que las proas convencionales sólo pueden topar contra éste.

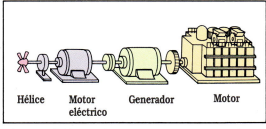

Hélice   Motor eléctrico   Generador   Motor

El motor del barco alimenta un generador, el cual a su vez proporciona electricidad a un motor que hace girar la hélice. Esto facilita un control máximo de la velocidad.

Al encontrarse con el hielo compacto, el rompehielos empuja hacia delante con el espolón, enviando combustible desde un depósito de lastre delantero a uno de popa *(derecha)*. Una vez que la proa del barco ha quedado firmemente encajada sobre el hielo, las bombas envían el combustible de nuevo al depósito delantero. El incremento de peso suele bastar para romper el hielo *(derecha, al fondo)*.

Balanceo del fuel

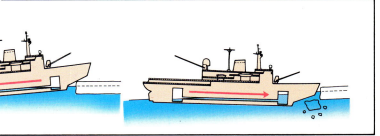

¿Cómo funciona un submarino nuclear?

Los submarinos, así como otras naves nucleares, utilizan combustible radiactivo, principalmente uranio, para calentar el agua y convertirla en vapor. Luego, el vapor hace girar los generadores de turbina, produciendo electricidad para el sistema de propulsión y otros equipos de a bordo.

Los materiales radiactivos, como el uranio, despiden calor durante un proceso llamado fisión, en el cual el núcleo inestable de un átomo se divide en dos, liberando enormes cantidades de energía. En un submarino, este fenómeno tiene lugar dentro de un reactor reforzado de la nave que debe ser constantemente refrigerado por agua para prevenir un posible recalentamiento o fusión. El combustible nuclear es el preferido por los submarinos de guerra y por los portaaviones, debido a su gran eficacia. Con una única pieza de uranio, del tamaño de una pelota de golf, un submarino puede dar siete veces la vuelta al globo. Sin embargo, la energía nuclear también plantea riesgos, no sólo para la tripulación sometida a la amenaza de posibles escapes, sino también para la vida marina, que puede resultar envenenada por los residuos radiactivos.

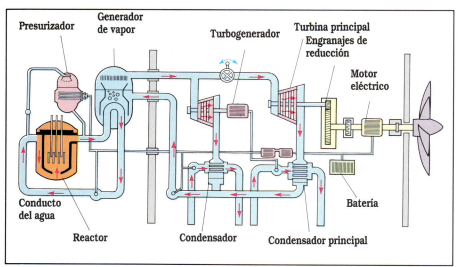

Presurizador · Generador de vapor · Turbogenerador · Turbina principal · Engranajes de reducción · Motor eléctrico · Conducto del agua · Reactor · Condensador · Condensador principal · Batería

El interior del motor

En un motor nuclear típico *(izquierda)*, entra agua fría presurizada en un reactor que contiene combustible de fisión. Del reactor, el agua sale muy caliente y se utiliza para convertir agua en vapor (luego es enfriada y enviada de nuevo al reactor). El vapor hace girar las paletas de un motor de turbina. Unos engranajes de reducción disminuyen las revoluciones por minuto del rápido giro de la turbina para la propulsión eléctrica del motor y de la hélice, que requieren un giro más lento. El motor también suministra electricidad a las baterías para usos posteriores.

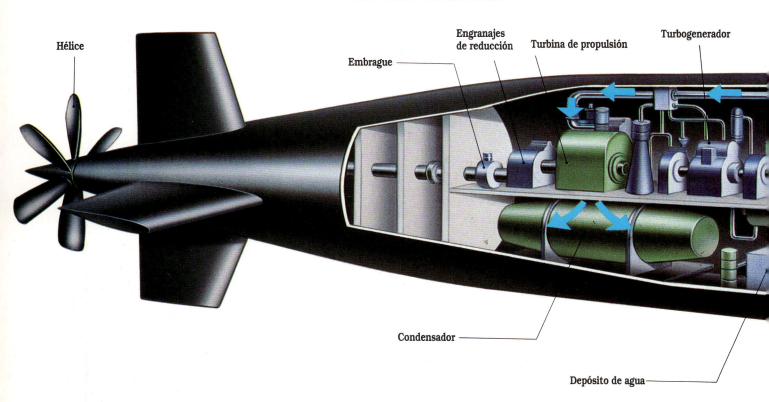

Hélice · Embrague · Engranajes de reducción · Turbina de propulsión · Turbogenerador · Condensador · Depósito de agua

Un submarino nuclear se desliza por la superficie del agua. Estos submarinos tienen que recargar combustible solamente cada dos o tres años.

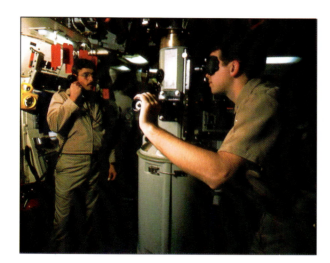

Los operadores en la torreta vigilan los alrededores a través del periscopio. El radar, el sonar, la radio y las cámaras direccionales también ayudan a la navegación.

Cómo se produce la fisión

Dentro del reactor, se bombardea un núcleo atómico, compuesto por partículas subatómicas llamadas neutrones y protones, con un neutrón libre *(abajo)*. El núcleo se divide, liberando neutrones que, a su vez, bombardean otros átomos y causan una reacción en cadena de núcleos escindidos. Esto libera grandes cantidades de energía.

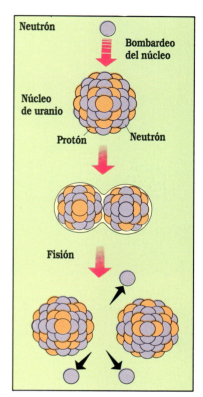

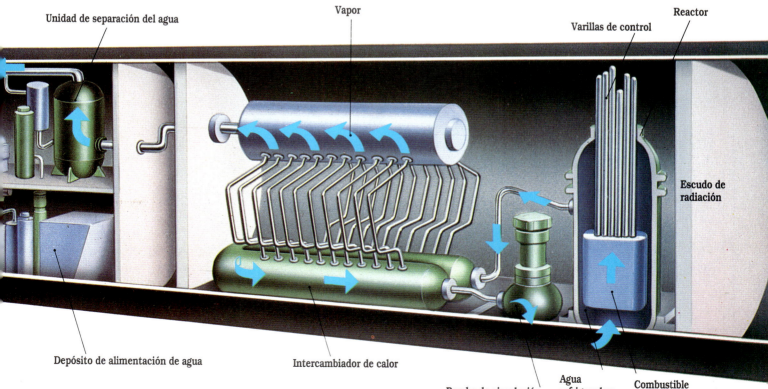

Unidad de separación del agua

Vapor

Reactor

Varillas de control

Escudo de radiación

Depósito de alimentación de agua

Intercambiador de calor

Bomba de circulación

Agua refrigeradora

Combustible de uranio

¿Cómo serán los barcos del futuro?

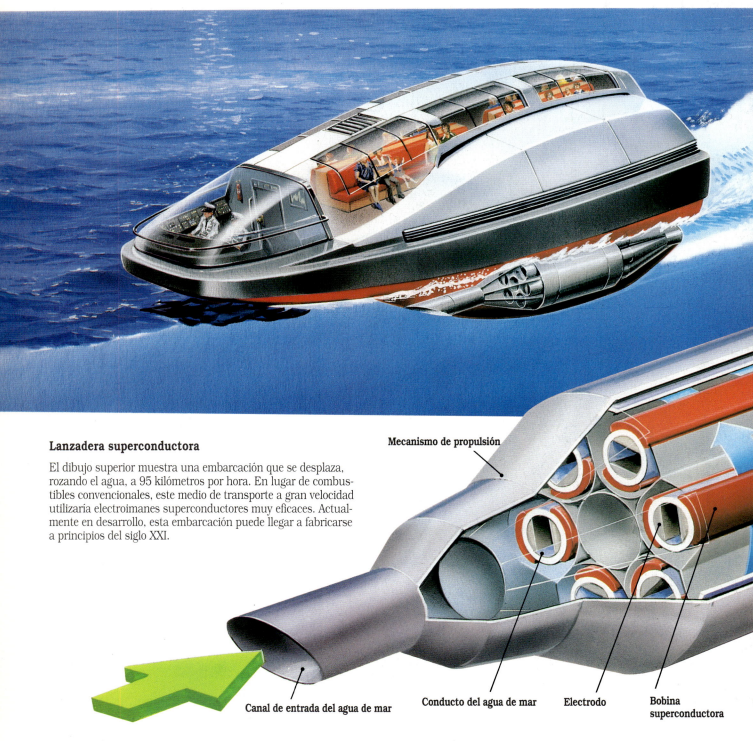

Mecanismo de propulsión

Lanzadera superconductora

El dibujo superior muestra una embarcación que se desplaza, rozando el agua, a 95 kilómetros por hora. En lugar de combustibles convencionales, este medio de transporte a gran velocidad utilizaría electroimanes superconductores muy eficaces. Actualmente en desarrollo, esta embarcación puede llegar a fabricarse a principios del siglo XXI.

Canal de entrada del agua de mar

Conducto del agua de mar   **Electrodo**   **Bobina superconductora**

Durante los próximos cincuenta años, es posible que la apariencia de los barcos no cambie radicalmente. Sin embargo, los ingenieros sueñan con barcos superconductores como el de la imagen superior, que dejarían obsoletos a los barcos con sistemas convencionales de propulsión a base de petróleo o carbón.

La superconductividad es un fenómeno físico por el cual algunas sustancias metálicas sometidas a temperaturas extremadamente bajas dejan de ofrecer resistencia a la corriente eléctrica. Una vez que se les induce corriente, ésta fluye prácticamente de forma indefinida, convirtiendo así los dispositivos que emplean estos materiales en extremadamente eficaces.

En la actualidad, el objetivo de muchos físicos es investigar sustancias que se conviertan en superconductoras a temperatura ambiente, o casi. Sin embargo, aun antes de que esto suceda, pueden llegar a entrar en acción refrigerantes como el nitrógeno líquido. Uno de los dispositivos de propulsión que se propone, visto arriba en sección, utilizaría imanes superconductores para expulsar agua a gran velocidad desde las boquillas, creando el empuje que impulsaría los barcos. Tales dispositivos funcionarían con muy poca electricidad.

Dispositivos de propulsión superconductores

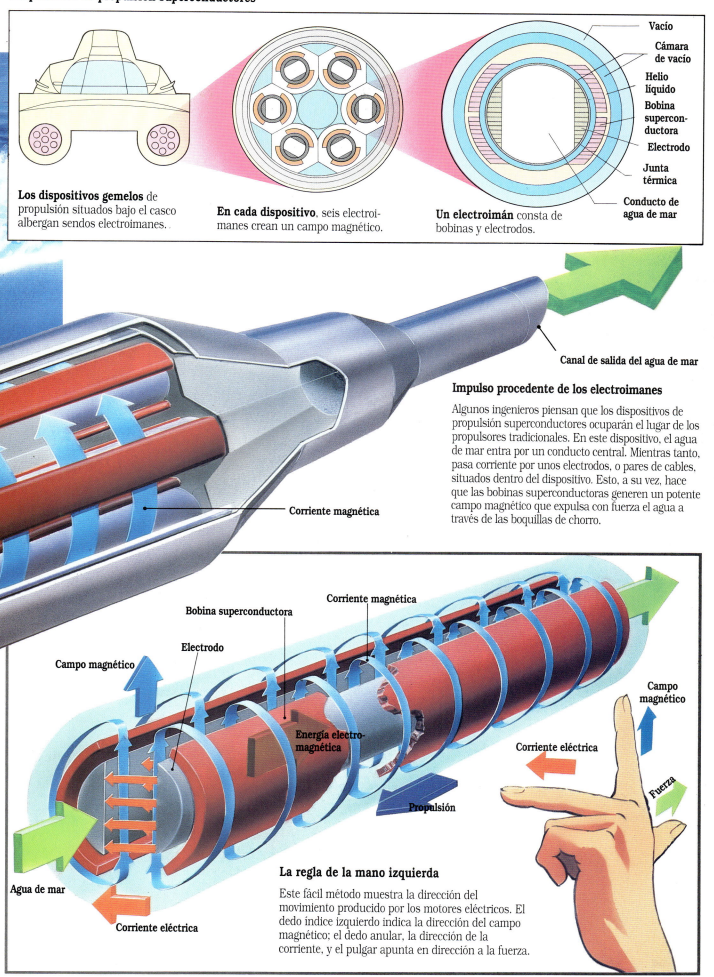

Los dispositivos gemelos de propulsión situados bajo el casco albergan sendos electroimanes.

En cada dispositivo, seis electroimanes crean un campo magnético.

Un electroimán consta de bobinas y electrodos.

Vacío

Cámara de vacío

Helio líquido

Bobina superconductora

Electrodo

Junta térmica

Conducto de agua de mar

Canal de salida del agua de mar

Corriente magnética

Impulso procedente de los electroimanes

Algunos ingenieros piensan que los dispositivos de propulsión superconductores ocuparán el lugar de los propulsores tradicionales. En este dispositivo, el agua de mar entra por un conducto central. Mientras tanto, pasa corriente por unos electrodos, o pares de cables, situados dentro del dispositivo. Esto, a su vez, hace que las bobinas superconductoras generen un potente campo magnético que expulsa con fuerza el agua a través de las boquillas de chorro.

Corriente magnética

Bobina superconductora

Electrodo

Campo magnético

Energía electro-magnética

Propulsión

Campo magnético

Corriente eléctrica

Fuerza

Agua de mar

Corriente eléctrica

La regla de la mano izquierda

Este fácil método muestra la dirección del movimiento producido por los motores eléctricos. El dedo índice izquierdo indica la dirección del campo magnético; el dedo anular, la dirección de la corriente, y el pulgar apunta en dirección a la fuerza.

¿Qué es un sumergible de grandes profundidades?

Un sumergible de aguas profundas

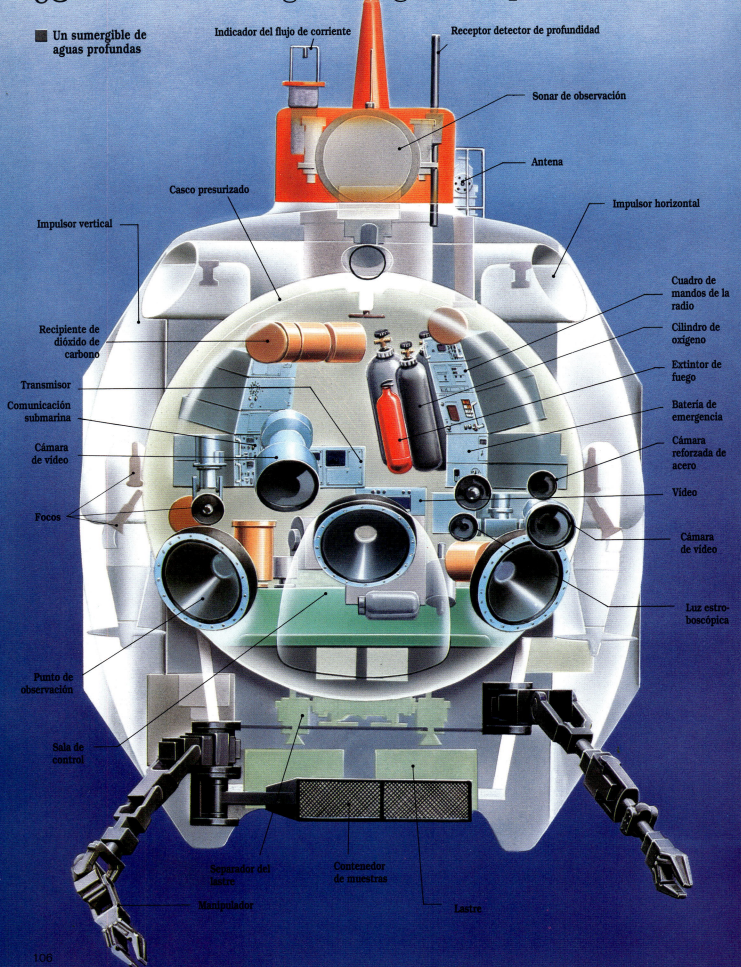

Indicador del flujo de corriente

Receptor detector de profundidad

Sonar de observación

Casco presurizado

Antena

Impulsor vertical

Impulsor horizontal

Recipiente de dióxido de carbono

Cuadro de mandos de la radio

Cilindro de oxígeno

Transmisor

Extintor de fuego

Comunicación submarina

Batería de emergencia

Cámara de vídeo

Cámara reforzada de acero

Focos

Vídeo

Cámara de vídeo

Luz estroboscópica

Punto de observación

Sala de control

Separador del lastre

Contenedor de muestras

Manipulador

Lastre

Los sumergibles —entre los que se cuentan las batisferas y los batiscafos— son submarinos pequeños, altamente especializados, que se suelen utilizar más con propósito científico que militar. Muy reforzados y a menudo construidos con metales poco habituales de gran resistencia, como el titanio, estos pequeños navíos de inmersión han sondado el océano para medir las profundidades. En 1960, el sumergible francés llamado *Trieste* realizó la mayor inmersión que se ha llevado a cabo, descendiendo 10.912 metros hasta el fondo de la fosa Mariana, en el océano Pacífico. Bajo presiones mil veces mayores que en la superficie, los sumergibles pueden explorar y fotografiar el suelo marino con la ayuda de cámaras fotográficas y de vídeo. Mediante brazos de robot, recogen muestras geológicas y biológicas que se transportan a la superficie en cestas de malla. Los brazos también pueden usarse para reparar el material de los conductos submarinos o de los cables de comunicaciones.

Perspectiva lateral del sumergible

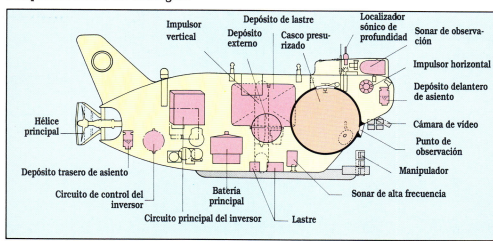

La presión aumenta con la profundidad

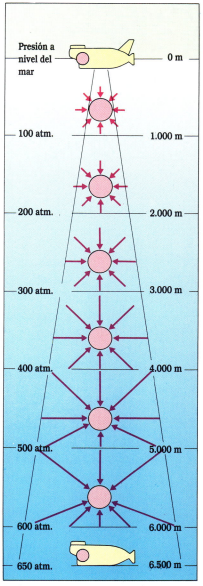

Un batiscafo

Este batiscafo consta de una cabina esférica reforzada, para la tripulación, a la que se acopla un gran flotador lleno de gasolina. Los depósitos de lastre dentro del flotador se llenan de agua del mar para descender y se vacían para ascender. En el exterior del batiscafo, gran parte del equipo —focos, cámaras de televisión y de 35 mm y luces estroboscópicas— está destinado a observar las oscuras profundidades del océano.

El batiscafo *Alvin*, arriba, ha supuesto una ayuda para promover la exploración submarina.

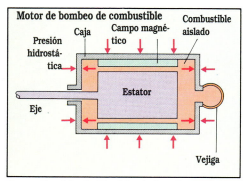

Una vejiga hinchable difunde los efectos de la presión en el interior del flotador.

El interior de la estrecha cabina del *Alvin* está atestado de instrumentos.

Cada 1.000 metros de descenso, la presión aumenta 100 atmósferas. (Una atmósfera equivale a la presión del aire al nivel del mar.)

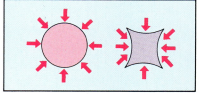

Las esferas distribuyen mejor la presión que los cubos, que se colapsan con más facilidad.

5
Soñando con el cielo

El milenario sueño de la humanidad de volar se convirtió en realidad en 1903, cuando Orville y Wilbur Wright construyeron un ligero pero potente motor capaz de impulsar un aeroplano. El motor de pistones de los Wright, al igual que sus descendientes modernos, funcionaba a partir del mismo principio que el motor de un coche, pero empleaba su energía para hacer girar unas hélices propulsoras en lugar de un eje de transmisión. Inventado durante la Segunda Guerra Mundial, un segundo tipo de aparato volador, el reactor, funciona quemando combustible combinado con aire comprimido. El gas a alta temperatura resultante sale propulsado en forma de chorro de escape, que proporciona el empuje necesario para mover el avión.

Utilizando técnicas innovadoras de construcción y diseño, materiales nuevos y tecnología informática, los aviones modernos dejan pequeños tanto el tamaño como las posibilidades de la primera máquina voladora de los Wright. Los panzudos Jumbos actuales transportan hasta 550 pasajeros, mientras que los aviones militares alcanzan velocidades de varios miles de kilómetros por hora. Algunos aviones son especialmente ligeros, capaces de despegar y aterrizar sin pistas, volar de costado y evitar ser detectados por el radar. Los centros de control del tráfico aéreo que se hallan por todo el mundo orientan con seguridad a los pilotos a lo largo de las rutas correctas, mientras que los instrumentos de navegación de a bordo les mantienen informados acerca de sus posiciones, incluso cuando atraviesan el mayor océano o en medio de la niebla más espesa.

La diversidad del vuelo queda ilustrada a la derecha. Ahí pueden verse (no a escala) el *Flyer* de los Wright, un helicóptero, un bombardero invisible B-2, un reactor Jumbo 747, el supersónico Concorde, diversos aviones militares y una aeronave más ligera que el aire.

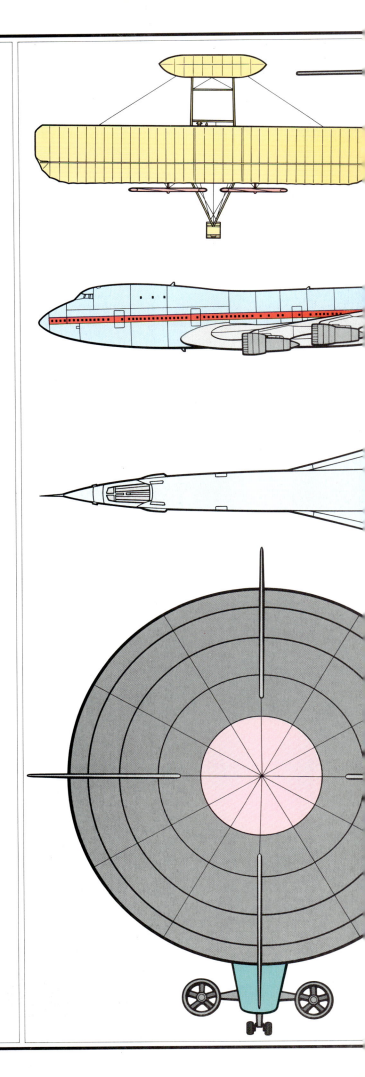

¿Cómo vuela un avión?

Los aviones consiguen volar gracias a una combinación de la energía de los motores y de la fuerza de sustentación proporcionada por las alas. A medida que un avión avanza, el aire pasa por encima de las alas. Éstas están curvadas de tal manera que la superficie superior es más larga que la inferior, de forma que el aire que pasa por la superior tiene que moverse más deprisa, lo cual crea una zona de baja presión sobre las alas. La diferencia de presión por debajo y por encima de las alas se conoce como sustentación. La fuerza de sustentación aumenta con la velocidad y llega un punto en que supera a la fuerza de la gravedad, que actúa en sentido contrario. Durante el despegue, las aletas hipersustentadoras están extendidas para incrementar la superficie del ala y, por tanto, la fuerza de sustentación. En vuelo, el avión asciende o desciende cambiando el ángulo de ataque de las alas.

La fuerza de sustentación

Fuerzas que actúan sobre un avión

El avión se ve afectado por las fuerzas de empuje, sustentación, gravedad y resistencia.

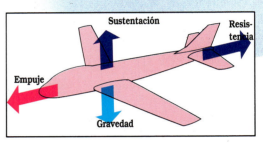

Durante el despegue, el piloto eleva el morro del aparato y extiende las aletas hipersustentadoras de las alas para aumentar la fuerza de sustentación.

Cómo actúa la sustentación sobre las alas

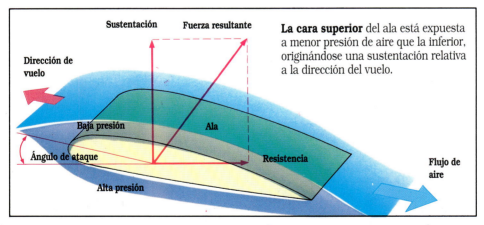

La cara superior del ala está expuesta a menor presión de aire que la inferior, originándose una sustentación relativa a la dirección del vuelo.

Ángulo de ataque y sustentación

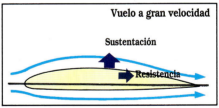

A gran velocidad, con escaso ángulo de ataque, la sustentación y la resistencia son pequeñas.

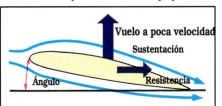

A poca velocidad, el ángulo de ataque es de unos 14°, y la fuerza de sustentación, grande.

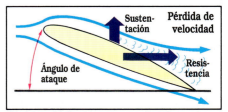

Si el ángulo de ataque supera lo 15°, puede producirse una pérdida de velocidad al tiempo que la turbulencia reduce la sustentación.

Función de las aletas hipersustentadoras

Para evitar las pérdidas bruscas de velocidad cuando se vuela despacio, el ángulo del ala debe aumentarse levantando el morro. Las aletas hipersustentadoras permiten que el piloto pueda realizar este ajuste. Las aletas hipersustentadoras se encuentran situadas en los extremos anterior y posterior de las alas. Cuando están extendidas, se aumenta la superficie total de las alas, así como el ángulo de ataque, proporcionando mayor sustentación. Cuando no se usan, se recogen en las alas.

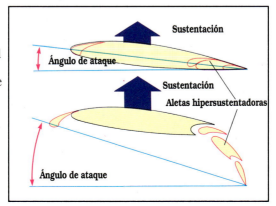

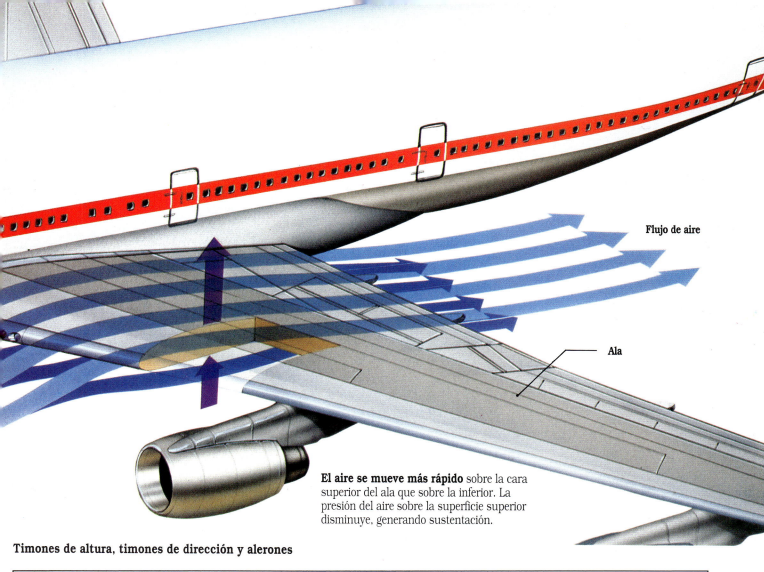

Flujo de aire

Ala

El aire se mueve más rápido sobre la cara superior del ala que sobre la inferior. La presión del aire sobre la superficie superior disminuye, generando sustentación.

Timones de altura, timones de dirección y alerones

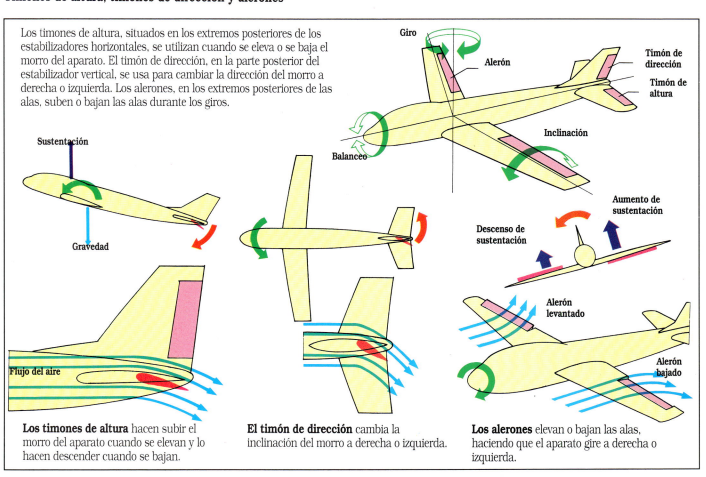

Los timones de altura, situados en los extremos posteriores de los estabilizadores horizontales, se utilizan cuando se eleva o se baja el morro del aparato. El timón de dirección, en la parte posterior del estabilizador vertical, se usa para cambiar la dirección del morro a derecha o izquierda. Los alerones, en los extremos posteriores de las alas, suben o bajan las alas durante los giros.

Giro

Alerón

Timón de dirección

Timón de altura

Inclinación

Balanceo

Sustentación

Gravedad

Aumento de sustentación

Descenso de sustentación

Alerón levantado

Alerón bajado

Flujo del aire

Los timones de altura hacen subir el morro del aparato cuando se elevan y lo hacen descender cuando se bajan.

El timón de dirección cambia la inclinación del morro a derecha o izquierda.

Los alerones elevan o bajan las alas, haciendo que el aparato gire a derecha o izquierda.

¿Cómo funcionan los aviones de hélice?

Antes del desarrollo de los motores de reacción, todos los aviones utilizaban hélices que eran impulsadas por motores de pistones de combustión interna, como los de los coches. Cada pala de la hélice tiene una sección transversal como la del ala de un avión. Cuando la hélice gira, la corriente de aire situada delante de las superficies de las palas viaja más deprisa que el aire que se encuentra detrás de ellas. La baja presión resultante delante de la hélice crea una fuerza impulsora hacia delante. La cantidad de fuerza generada aumenta en proporción directa a la velocidad de rotación de la hélice.

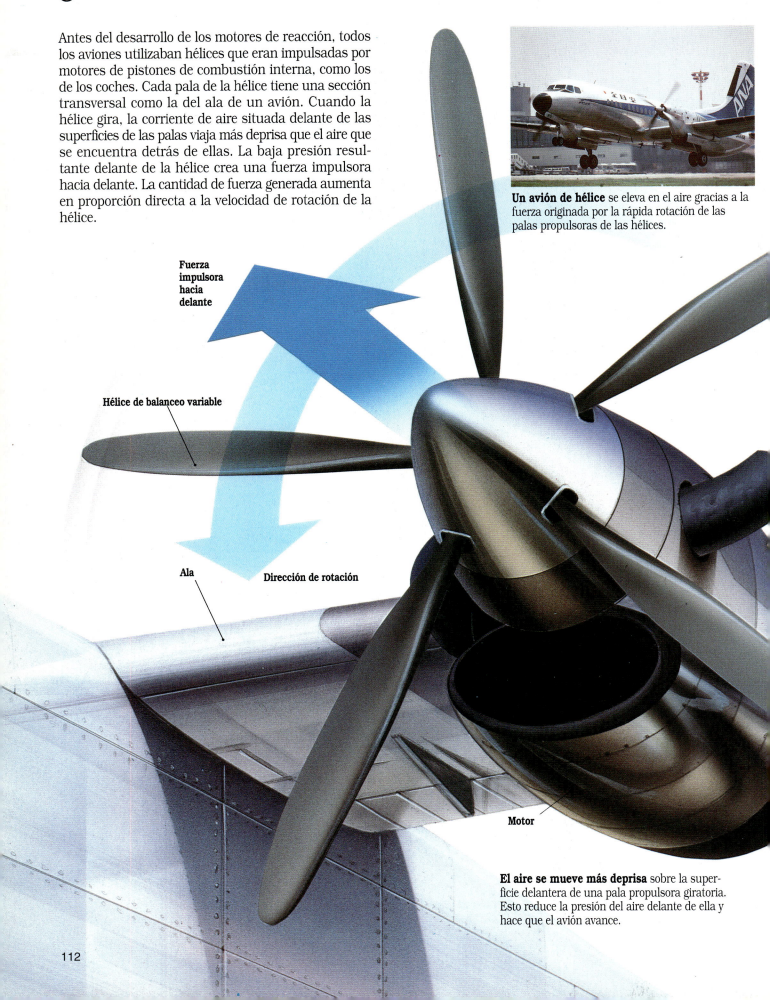

Un avión de hélice se eleva en el aire gracias a la fuerza originada por la rápida rotación de las palas propulsoras de las hélices.

Fuerza impulsora hacia delante

Hélice de balanceo variable

Ala

Dirección de rotación

Motor

El aire se mueve más deprisa sobre la superficie delantera de una pala propulsora giratoria. Esto reduce la presión del aire delante de ella y hace que el avión avance.

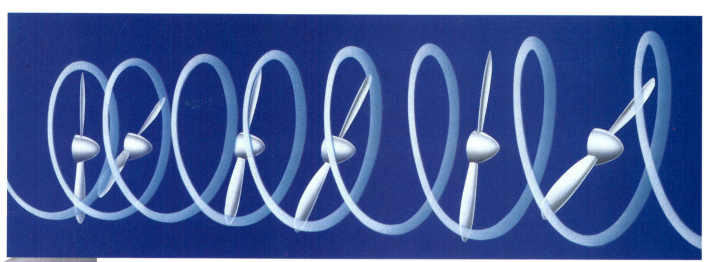

Las puntas de las palas giratorias de la hélice describen una espiral en el aire. La cantidad de aire desplazado por la hélice depende del tamaño de las palas y de la velocidad de rotación. Cuanto mayor sea el número de palas y más potentes los motores, más aumentará la eficacia de la hélice.

Por qué las palas de las hélices no son planas

Si las palas de la hélice fueran planas, el aire se distribuiría de forma uniforme sobre su superficie, creando resistencia y arrastre. En cambio, las palas tienen cierta ondulación, de forma que la corriente de aire incide oblicuamente sobre la superficie, originando diferentes direcciones de flujo de aire en diversos puntos de la pala. Este diseño permite que la pala corte el aire de forma más eficaz, y se produzca un equilibrio entre las fuerzas de propulsión y de resistencia.

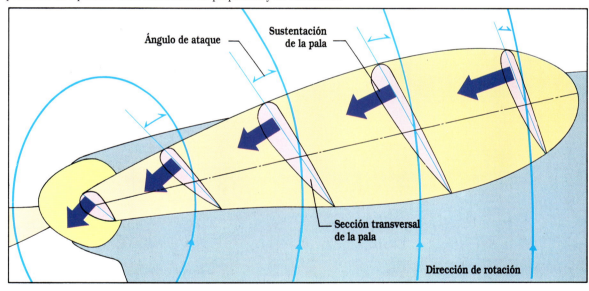

Ángulo de ataque

Sustentación de la pala

Sección transversal de la pala

Dirección de rotación

Hélices de balanceo variable. El ángulo de la hélice con su soporte se conoce como ángulo de balanceo. En algunos aviones, este ángulo puede ajustarse para obtener el máximo aprovechamiento en diferentes condiciones de vuelo, como el despegue, la ascensión y la navegación de crucero.

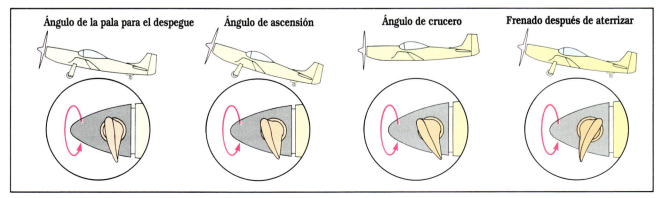

Ángulo de la pala para el despegue   Ángulo de ascensión   Ángulo de crucero   Frenado después de aterrizar

¿Cómo vuela un helicóptero?

Los helicópteros vuelan haciendo girar unas largas palas de rotor, cuya sección transversal es como la de las alas de un avión. La cantidad de sustentación proporcionada por las palas puede variarse ajustando el ángulo de todas las palas a la vez, mientras que los giros se realizan ajustando cada pala durante su ciclo rotacional. Para volar hacia delante o hacia atrás, o a derecha y a izquierda, el rotor giratorio se inclina en la dirección del movimiento. La pequeña pala del rotor auxiliar o compen-satorio montado en la cola estabiliza el helicóptero, impidiendo que éste se ponga a girar con el ímpetu del rotor de sustentación. Los helicópteros pueden permanecer inmóviles suspendidos en el aire equilibrando el peso del aparato contra la fuerza de sustentación generada por el rotor.

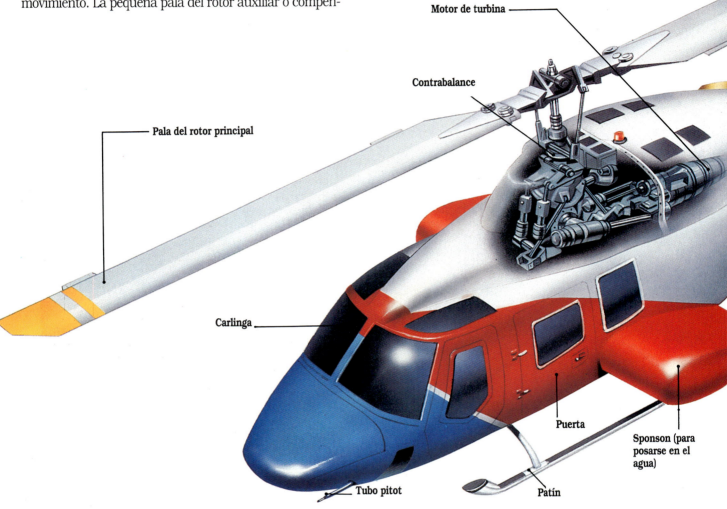

Motor de turbina

Contrabalance

Pala del rotor principal

Carlinga

Puerta

Sponson (para posarse en el agua)

Tubo pitot

Patín

El rotor principal

En sección transversal, la pala del rotor principal se parece al ala de un avión. Las corrientes de aire pasan sobre las superficies superior e inferior de la pala, originando una baja presión encima y generando la fuerza de sustentación.

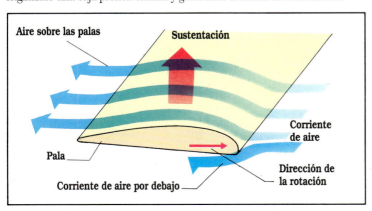

Aire sobre las palas

Sustentación

Corriente de aire

Pala

Corriente de aire por debajo

Dirección de la rotación

El rotor compensatorio

La fuerza procedente del rotor principal haría girar todo el aparato si no fuera por el efecto estabilizador del rotor compensatorio montado en la cola.

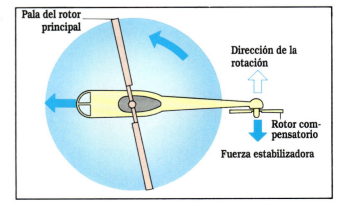

Pala del rotor principal

Dirección de la rotación

Rotor compensatorio

Fuerza estabilizadora

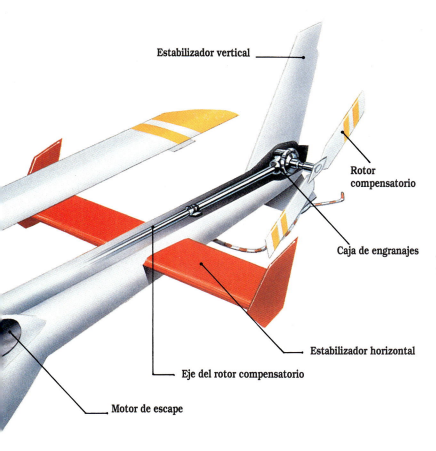

Estabilizador vertical

Rotor compensatorio

Caja de engranajes

Estabilizador horizontal

Eje del rotor compensatorio

Motor de escape

Cómo funciona el rotor principal

Para mantener la estabilidad del vuelo, el piloto tiene que ajustar el ángulo de inclinación de las palas del rotor utilizando un dispositivo de suspensión conocido como contrabalance, que se encuentra en el eje del rotor. El helicóptero puede volar, dar vueltas o mantenerse suspendido en el aire dependiendo del modo en que el piloto controla el contrabalance. Como se muestra abajo, al subir o bajar el contrabalance, se varía el grado de inclinación de la pala del rotor. También puede inclinarse este dispositivo de forma que se varíe el ángulo del disco del rotor.

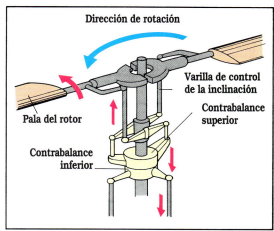

Dirección de rotación

Varilla de control de la inclinación

Contrabalance superior

Contrabalance inferior

Pala del rotor

Pilotar un helicóptero

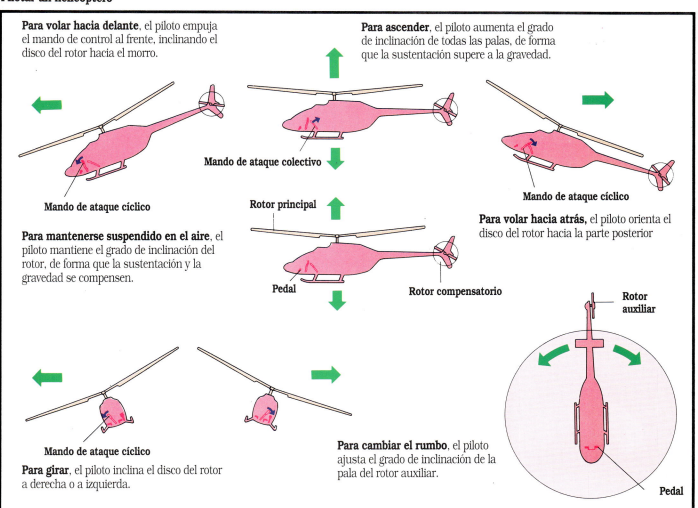

Para volar hacia delante, el piloto empuja el mando de control al frente, inclinando el disco del rotor hacia el morro.

Mando de ataque cíclico

Para mantenerse suspendido en el aire, el piloto mantiene el grado de inclinación del rotor, de forma que la sustentación y la gravedad se compensen.

Mando de ataque cíclico

Para girar, el piloto inclina el disco del rotor a derecha o a izquierda.

Para ascender, el piloto aumenta el grado de inclinación de todas las palas, de forma que la sustentación supere a la gravedad.

Mando de ataque colectivo

Rotor principal

Pedal

Rotor compensatorio

Mando de ataque cíclico

Para volar hacia atrás, el piloto orienta el disco del rotor hacia la parte posterior

Para cambiar el rumbo, el piloto ajusta el grado de inclinación de la pala del rotor auxiliar.

Rotor auxiliar

Pedal

¿Qué es un dirigible?

Los aeróstatos dirigibles se clasifican en tres grupos: los rígidos, dotados de un esqueleto metálico de aleación ligera; los flexibles, sin esqueleto metálico; y los semirrígidos. Ya han desaparecido los dirigibles rígidos de gas hidrógeno explosivo; en la actualidad han sido reemplazados por los de tipo flexible.

Los dirigibles constan de una envoltura de poliéster de grandes dimensiones, rellena de helio, y una barquilla que cuelga debajo. Dentro de la envoltura se encuentra una bolsa de dos compartimentos llamada ballonet. Al inyectar en ella aire, el morro del dirigible sube o baja. Los motores propulsores situados en la barquilla hacen avanzar el dirigible, mientras que el rumbo y la altura se ajustan mediante cuatro estabilizadores.

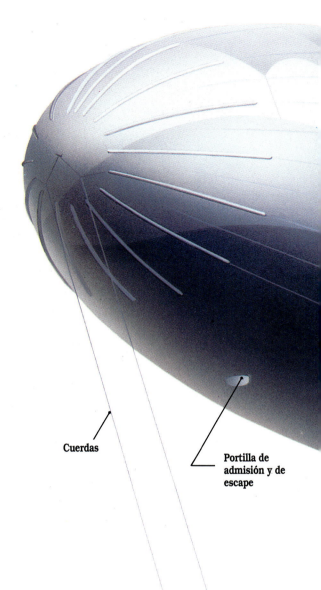

Cuerdas

Portilla de admisión y de escape

Los globos dirigibles constituyen un espectáculo impresionante; por su capacidad para llamar la atención se han convertido en un medio de publicidad.

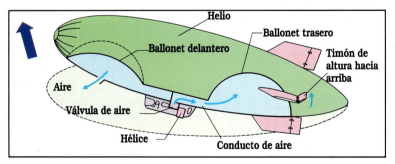

El dirigible asciende al inyectar aire en el compartimento posterior del ballonet, lo que hace que el morro se incline hacia arriba.

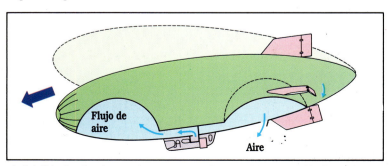

El dirigible desciende cuando entra aire en la parte delantera del ballonet, lo que inclina el morro hacia abajo.

El ballonet

Como el helio es más ligero que el aire, cuanto más aire entra en el ballonet, más pesado se hace éste. Para aumentar el peso del morro o de la cola, se intercambia el aire entre los compartimentos delantero y trasero del ballonet. A medida que el compartimento trasero se llena de aire, la cola del dirigible baja, haciendo que el morro se eleve. Utilizando este lastre junto con el empuje del motor y el control de elevación, el piloto puede hacer subir o bajar el aeróstato.

Hélices

El piloto controla el ascenso y el descenso al inyectar aire en el ballonet y también al cambiar el ángulo de los motores propulsores o hélices, impulsando el dirigible hacia arriba o hacia abajo.

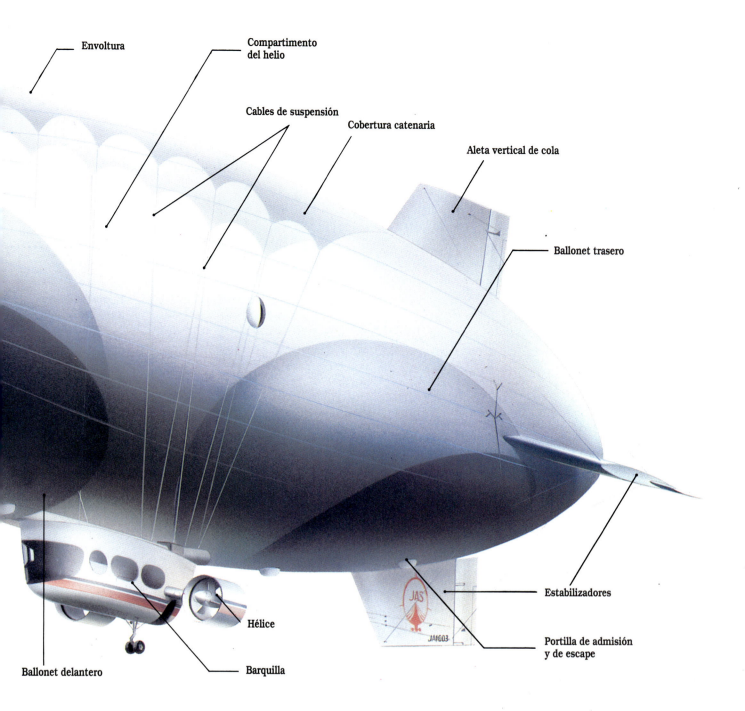

Envoltura

Compartimento del helio

Cables de suspensión

Cobertura catenaria

Aleta vertical de cola

Ballonet trasero

Estabilizadores

Portilla de admisión y de escape

Hélice

Barquilla

Ballonet delantero

Para girar a derecha o a izquierda

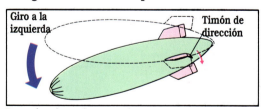

Giro a la izquierda

Timón de dirección

Para virar hacia la izquierda, se giran en esa dirección los timones de la aleta vertical de cola.

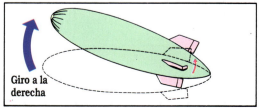

Giro a la derecha

Para virar hacia la derecha, se giran en esa dirección los timones de la aleta vertical de cola.

Interior de la barquilla

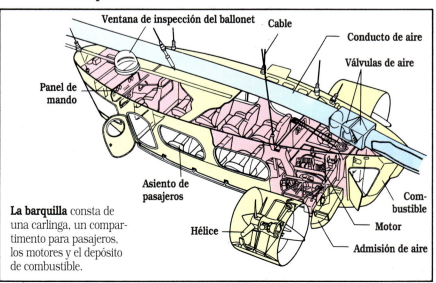

Ventana de inspección del ballonet

Cable

Conducto de aire

Válvulas de aire

Panel de mando

Asiento de pasajeros

Hélice

Combustible

Motor

Admisión de aire

La barquilla consta de una carlinga, un compartimento para pasajeros, los motores y el depósito de combustible.

117

¿Cómo se sostienen en el aire los planeadores?

Un planeador, al remontarse en un vuelo sin motor, depende de la misma fuerza de sustentación que permite volar a los aviones normales. En el vuelo con motor, la sustentación se genera sobre las alas, mientras el motor impulsa el aparato a través del aire. En lugar de un motor, los planeadores utilizan la gravedad como fuente de energía. El impulso hacia delante del planeador —que lo hace posible inicialmente el remolcado de despegue y la atracción de la gravedad, así como las turbulencias térmicas— proporciona un flujo suave de aire por encima y por debajo de las alas que genera la sustentación.

Este esbelto planeador tiene un fuselaje estrecho y largas alas para conseguir una sustentación mayor que la de los aparatos con motor.

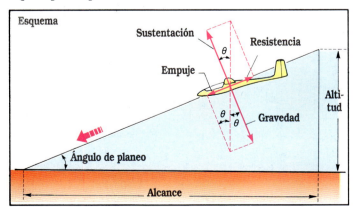

Un águila se remonta por las corrientes de aire estirando sus alas para crear sustentación.

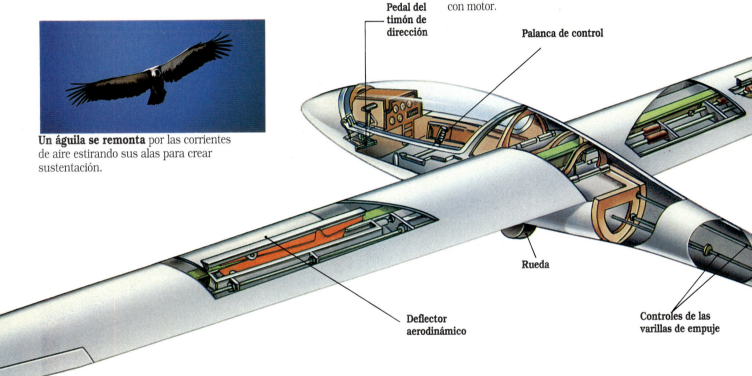

Pedal del timón de dirección

Palanca de control

Rueda

Deflector aerodinámico

Controles de las varillas de empuje

El principio del planeador

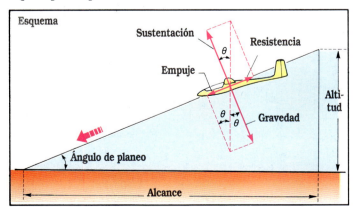

Esquema

Sustentación

Resistencia

Empuje

θ

Gravedad

θ θ

Altitud

Ángulo de planeo

Alcance

El piloto de un planeador tiene que equilibrar cuatro fuerzas: gravedad, sustentación, resistencia y empuje.

Función del deflector aerodinámico

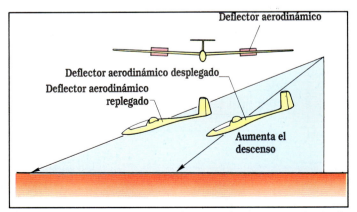

Deflector aerodinámico

Deflector aerodinámico desplegado

Deflector aerodinámico replegado

Aumenta el descenso

Los planeadores vuelan manteniendo un ángulo óptimo con relación al suelo. Para aterrizar, se elevan los deflectores aerodinámicos del ala para presentar resistencia al aire y modificar la velocidad y el ángulo de planeo.

Para ponerse en vuelo

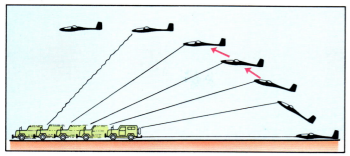

Un coche puede remolcar un planeador hasta ponerlo en el aire.

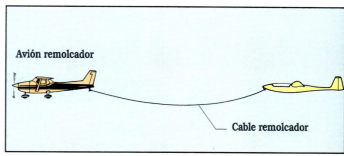

Un planeador también puede ser arrastrado por un avión remolcador, el cual, después, suelta el planeador para que éste vuele por su cuenta.

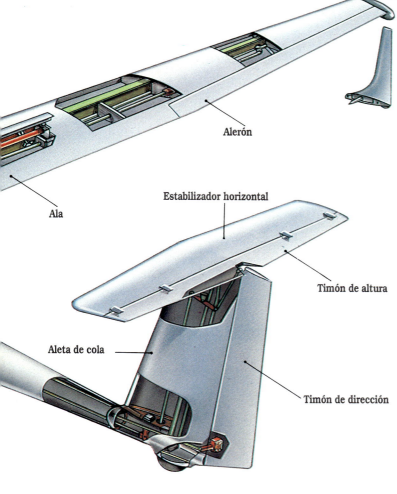

Alerón

Ala

Estabilizador horizontal

Timón de altura

Aleta de cola

Timón de dirección

Volar por las corrientes de aire

El tiempo que un planeador permanece en vuelo puede alargarse mucho si el piloto aprovecha con habilidad las corrientes de aire reinantes.

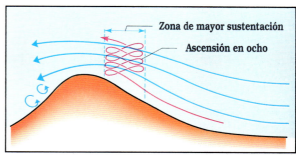

Las corrientes de ladera proporcionan mucha sustentación cuando pasan vientos fuertes por encima de las cumbres.

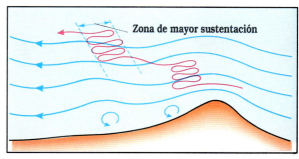

Los vientos que se abaten sobre una cima crean una ola de corriente ascendente sobre la pendiente opuesta.

Un planeador despliega sus deflectores aerodinámicos para ajustar su velocidad.

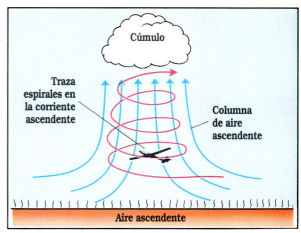

Las térmicas o corrientes ascendentes procedentes del suelo calentado por el sol, pueden llevar a los planeadores a gran altura.

119

¿Cómo se controla el tráfico aéreo?

Diariamente, miles de aviones cruzan el cielo. Para garantizar seguridad y eficiencia, se han establecido unas reglas de vuelo internacionales que dirigen todo el tráfico aéreo. Los aviones siguen pasillos de vuelo de unas 9 millas (14,5 kilómetros) de ancho, separados por una diferencia vertical de 1.000 a 2.000 pies (entre 300 y 600 metros); los controladores aéreos miden en pies, y no en metros, la distancia vertical. Los aviones que vuelan en direcciones comprendidas entre los 0 y los 179 grados de una circunferencia lo hacen a altitudes con incrementos impares de millares de pies, como 3.000 y 5.000 pies. Los aviones que vuelan en direcciones entre los 180 y los 359 grados se sitúan en altitudes pares. De esta manera,

los aviones que se aproximan entre sí están separados, como mínimo, por 1.000 pies. Por encima de los 29.000 pies, los aviones mantienen intervalos de, por lo menos, 2.000 pies. Los aviones pequeños privados no tienen rutas fijas y pueden escoger su propio vuelo, siempre que sigan las reglas locales.

Vuelo instrumental

Los aviones en vuelos controlados por los instrumentos pueden volar con seguridad manteniendo las distancias establecidas respecto al resto del tráfico aéreo. Para cada dirección de vuelo se determina una altitud de navegación, y los aviones mantienen intervalos verticales como mínimo de 1.000 pies.

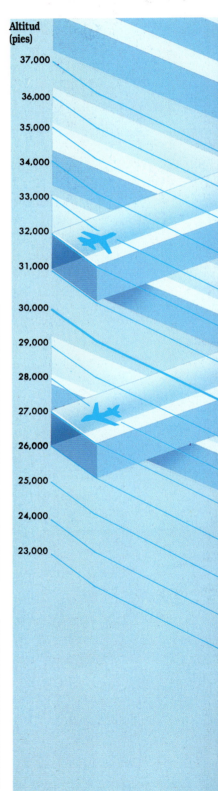

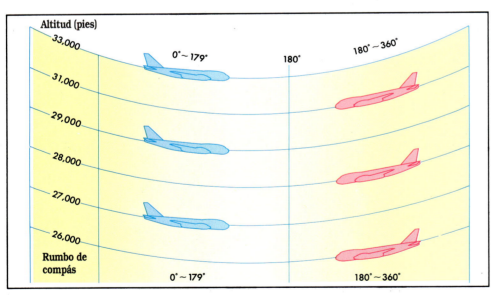

Aterrizar con seguridad

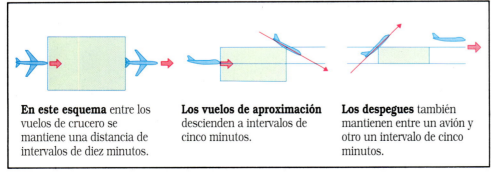

En este esquema entre los vuelos de crucero se mantiene una distancia de intervalos de diez minutos.

Los vuelos de aproximación descienden a intervalos de cinco minutos.

Los despegues también mantienen entre un avión y otro un intervalo de cinco minutos.

Pasillos de vuelo transatlánticos

En los vuelos de Londres a Nueva York, los aviones de pasajeros que cruzan el Atlántico vuelan a una altitud de crucero de unos 35.000 pies. Después del despegue, los aviones mantienen una ascensión constante durante unas 300 millas antes de alcanzar su altitud de crucero. A causa de los fuertes vientos del oeste en esta ruta, se tarda más en ir de Londres a Nueva York que de Nueva York a Londres.

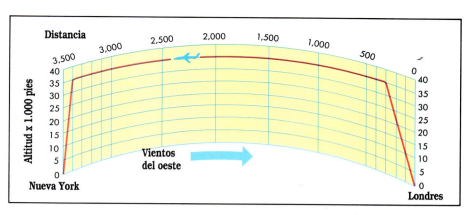

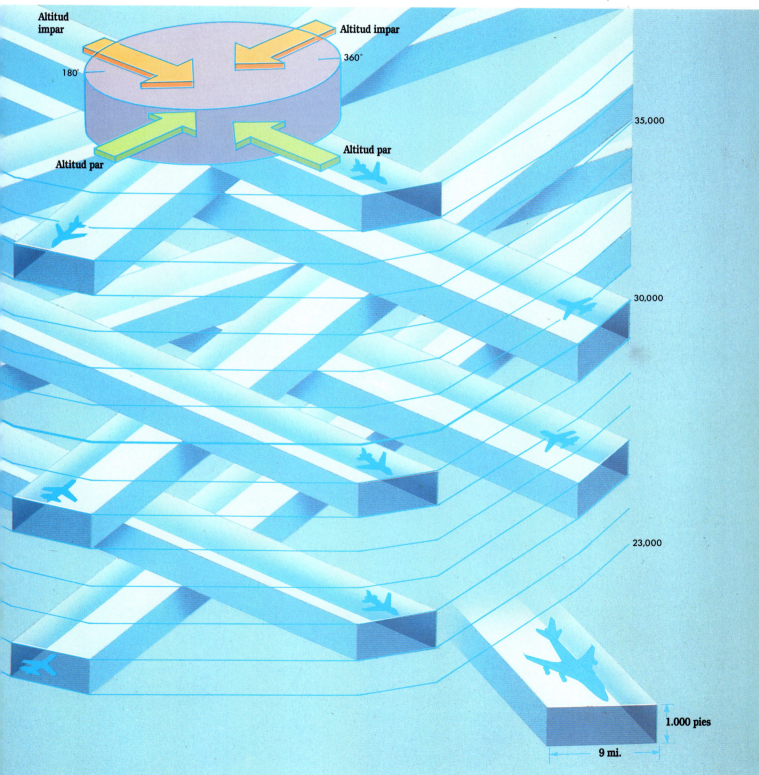

¿Cómo siguen los pilotos las rutas aéreas?

Los grandes aviones de pasajeros, como el Boeing 747, siguen pasillos de tráfico aéreo que se extienden en todas direcciones y que están conectados por medio de ayudas terrestres para la navegación llamadas VOR (*very-high-frequency omnirange*, radiofaro omnidireccional de muy alta frecuencia). Una estación VOR emite dos ondas de radio que indican el norte magnético y cualquier dirección entre 0 y 359 grados respectivamente. El aeronavegante lee las ondas de radio en un receptor VOR y calcula el rumbo y la localización del avión relativos a la estación VOR. Las orientaciones correctas se indican en el RMI (*radio magnetic indicator*, indicador radiomagnético), el HSI (*horizontal situation indicator*, indicador de situación horizontal) y en el CDI (*course deviation indicator*, indicador de desviación del rumbo).

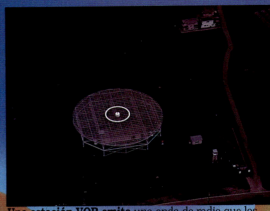

Una estación VOR emite una onda de radio que los navegantes usan para averiguar sus posiciones.

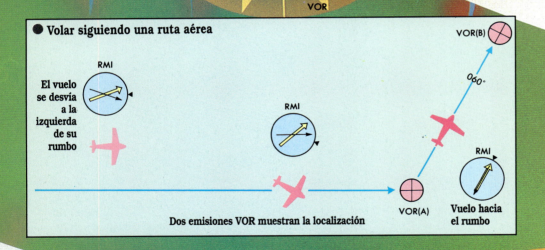

● **Volar siguiendo una ruta aérea**

RMI

El vuelo se desvía a la izquierda de su rumbo

RMI

VOR(B)

060°

RMI

Vuelo hacia el rumbo

VOR(A)

Dos emisiones VOR muestran la localización

VOR

VOR

VOR

VOR

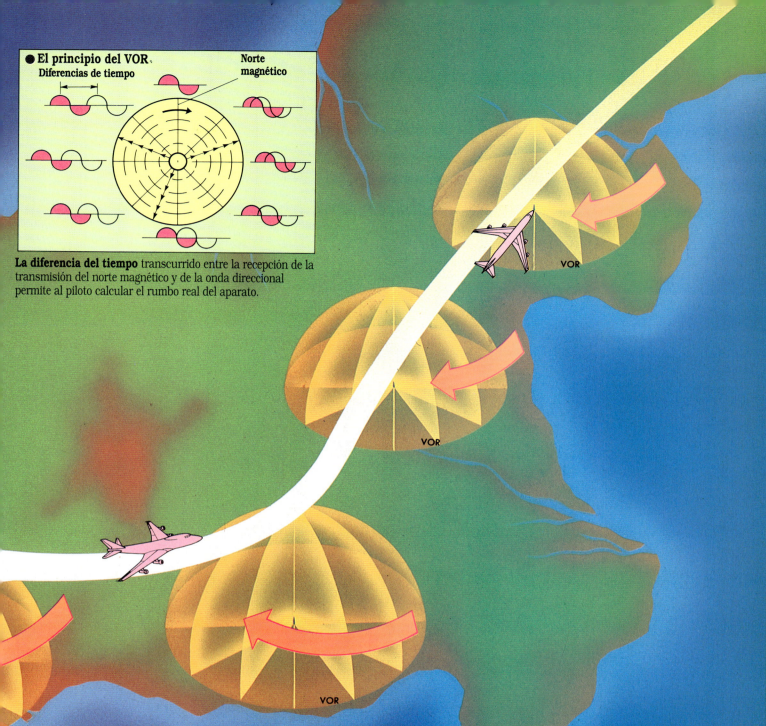

● El principio del VOR

Diferencias de tiempo · **Norte magnético**

La diferencia del tiempo transcurrido entre la recepción de la transmisión del norte magnético y de la onda direccional permite al piloto calcular el rumbo real del aparato.

VOR

VOR

VOR

Instrumentos VOR

Indicador RMI

Dirección de vuelo

N

A — Estación VOR A

B — Estación VOR B

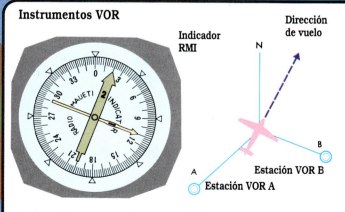

Las agujas indican las direcciones de las estaciones VOR. En el diagrama superior, la aguja delgada suministra la dirección de la estación VOR A; la aguja gruesa, la de la VOR B.

Indicador CDI

La posición de la aguja proporciona la localización de un avión con relación a la estación VOR.

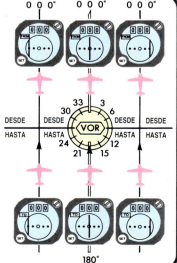

0 0 0° · 0 0 0° · 0 0 0°

DESDE	DESDE	DESDE
HASTA	HASTA	HASTA

180°

¿Por qué no se pierden los aviones?

Cuando un avión sobrevuela una zona donde no existen radioestaciones de orientación, como, por ejemplo, el océano, los pilotos pueden averiguar cuál es su situación utilizando el INS (*inertial navigation system*, sistema inercial de navegación). El INS, que consiste en un giroscopio y unos acelerómetros incorporados al fuselaje, ayuda a calcular la dirección del vuelo, la velocidad y la distancia recorrida. El giroscopio permite mantener el nivel de la aeronave en un ángulo correcto respecto a la atracción hacia abajo de la fuerza de la gravedad. Los acelerómetros, situados en el estabilizador horizontal, detectan la aceleración del aeroplano en cualquier dirección, y una computadora utiliza estos datos para calcular el movimiento y la localización de la nave.

El INS está conectado al piloto automático en la carlinga. Antes del despegue, el piloto introduce en la computadora el plan de vuelo deseado, las coordenadas de rumbo, la velocidad y la altitud. A partir de esta información, la computadora dirige el vuelo a su destino, siguiendo el rumbo prefijado, sin ninguna otra ayuda desde tierra.

INS (sistema inercial de navegación)

El estabilizador horizontal contiene dos acelerómetros. El acelerómetro X detecta la aceleración en las direcciones este y oeste, mientras que el acelerómetro Y la detecta en las direcciones sur y norte. Un avión está acelerando constantemente mientras vuela. Los datos que registran este movimiento se utilizan para calcular la trayectoria del avión y la distancia que ha recorrido.

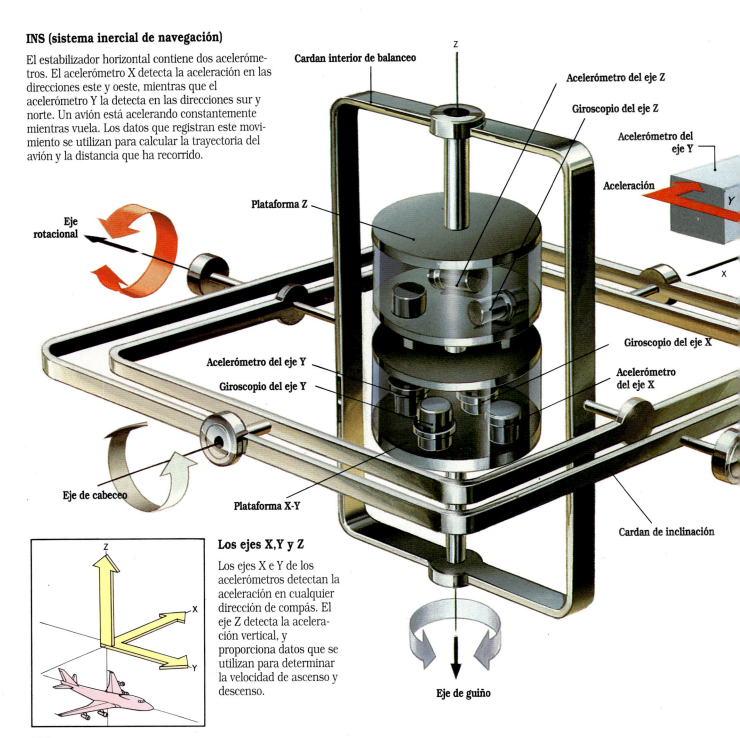

Cardan interior de balanceo

Acelerómetro del eje Z

Giroscopio del eje Z

Acelerómetro del eje Y

Aceleración

Plataforma Z

Eje rotacional

Giroscopio del eje X

Acelerómetro del eje Y

Giroscopio del eje Y

Acelerómetro del eje X

Eje de cabeceo

Plataforma X-Y

Cardan de inclinación

Los ejes X, Y y Z

Los ejes X e Y de los acelerómetros detectan la aceleración en cualquier dirección de compás. El eje Z detecta la aceleración vertical, y proporciona datos que se utilizan para determinar la velocidad de ascenso y descenso.

Eje de guiño

El sistema Omega

El sistema Omega determina la localización de un avión al calcular el intervalo de tiempo que media entre la recepción de las ondas de radio emitidas desde dos estaciones terrestres distintas. Empleando una frecuencia muy baja (VLF, *very-low-frequency*), de entre 10 y 14 kHz, el sistema Omega cubre toda la superficie de la Tierra desde una red de únicamente ocho estaciones. Con este sistema, un navegante puede localizar su posición en cualquier punto del cielo en todo el mundo. Las estaciones se encuentran en Dakota del Norte y Hawai en Estados Unidos, Noruega, Liberia, Argentina, Australia, Japón y la isla de la Reunión, en el océano Índico.

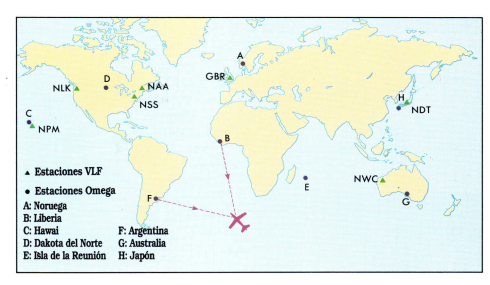

▲ Estaciones VLF
● Estaciones Omega
A: Noruega
B: Liberia
C: Hawai   F: Argentina
D: Dakota del Norte G: Australia
E: Isla de la Reunión H: Japón

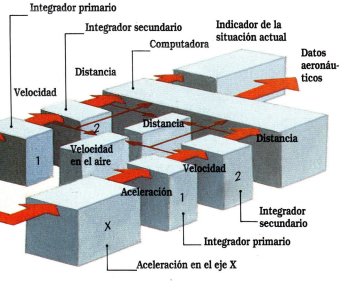

El sistema INS de la carlinga parece complicado, pero en realidad es bastante sencillo de manejar. El piloto introduce el plan de vuelo mediante el teclado, y, después de una pausa, la luz de selector se pone verde para indicar que la computadora ha aceptado los datos.

Procesamiento de los datos

El plan de vuelo introducido en el INS incluye la latitud y la longitud del destino así como los puntos de referencia en tierra a lo largo de la ruta. La computadora procesa esta información junto con los datos procedentes de los acelerómetros para calcular la trayectoria del avión y la distancia recorrida. Los instrumentos de la carlinga también muestran la velocidad del avión con relación al aire y al suelo, la posición actual, el rumbo y la dirección y velocidad del viento.

Un avión equipado con INS puede trazar su localización en cualquier lugar del mundo.

¿Cómo aterrizan los aviones cuando hay niebla?

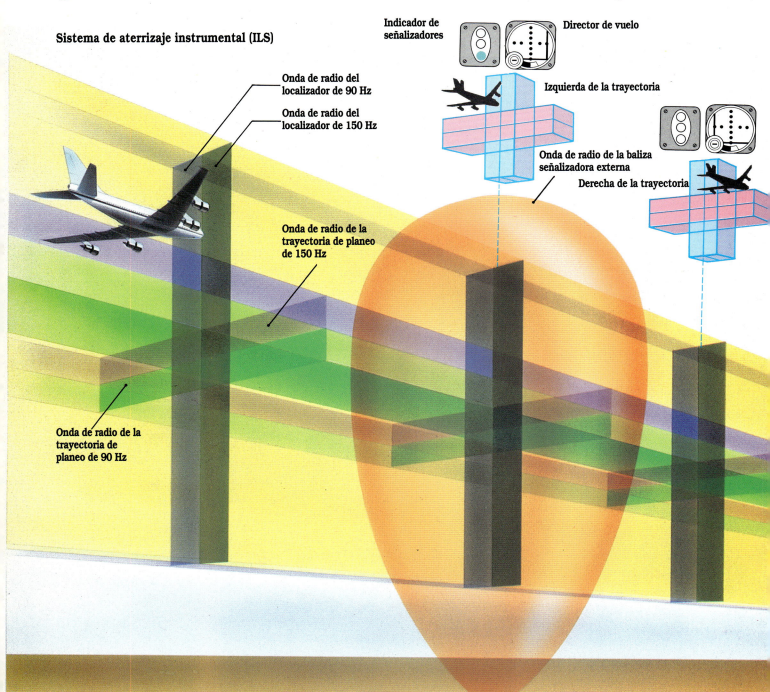

Sistema de aterrizaje instrumental (ILS)

Indicador de señalizadores

Director de vuelo

Onda de radio del localizador de 90 Hz

Onda de radio del localizador de 150 Hz

Izquierda de la trayectoria

Onda de radio de la baliza señalizadora externa

Onda de radio de la trayectoria de planeo de 150 Hz

Derecha de la trayectoria

Onda de radio de la trayectoria de planeo de 90 Hz

Baliza señalizadora externa

Los aviones pueden aterrizar con seguridad en todo tipo de condiciones meteorológicas gracias al sistema de aterrizaje instrumental o ILS *(instrument landing system)*. Cuando la visibilidad es escasa, los pilotos dependen de la información de los instrumentos de la carlinga del avión y de las señales de orientación direccional enviadas desde el ILS del aeropuerto, que consisten en un localizador, un indicador de la trayectoria de planeo y una serie de señalizadores consecutivos. El localizador indica las variaciones de la posición del avión a derecha o a izquierda de la línea central de la pista de aterrizaje, el indicador de trayectoria de planeo controla el ángulo de descenso del avión y los señalizadores proporcionan la distancia desde la pista. Utilizando el ILS, los pilotos pueden mantener el rumbo y la orientación correctos aunque la visibilidad sea nula.

En la actualidad, en muchos aeropuertos se está sustituyendo el ILS por el sistema mejorado de aterrizaje por microondas (MLS, *microwave landing system*), el cual emplea dos transmisores terrestres de microondas. Esto crea un sistema extendido de aterrizaje instrumental que puede manejar un mayor número de aviones y con mayor grado de seguridad que el ILS.

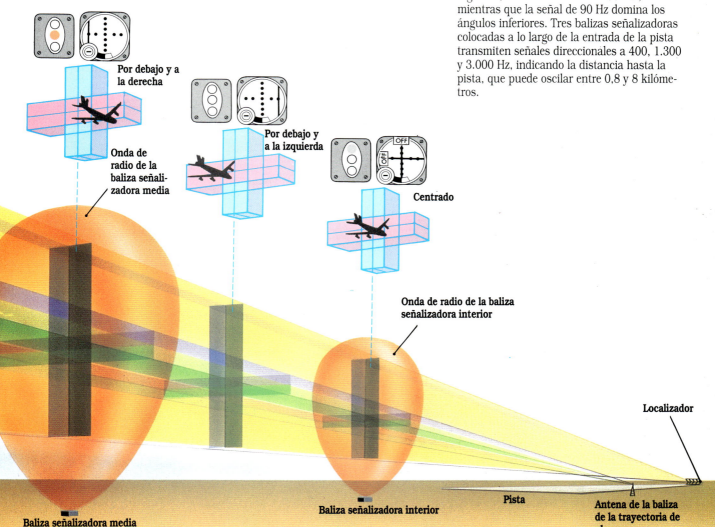

En el panel de mandos de la carlinga se encuentran los instrumentos de ILS así como el director de vuelo.

Por debajo y a la derecha

Por debajo y a la izquierda

Centrado

Onda de radio de la baliza señalizadora media

Onda de radio de la baliza señalizadora interior

Localizador

Baliza señalizadora media

Baliza señalizadora interior

Pista

Antena de la baliza de la trayectoria de planeo

Sistema de aterrizaje instrumental

El localizador ILS emite dos ondas de radio, una de 90 Hz FM y otra de 150 Hz FM. La señal de 90 Hz domina toda la zona a la izquierda de la trayectoria de planeo, y la señal de 150 Hz, la zona a la derecha *(abajo)*. La potencia de cada señal le permite al piloto saber si el avión está a la izquierda o a la derecha de la línea central, donde las dos señales tienen la misma potencia. De forma similar, dos señales controlan la velocidad de descenso a lo largo de la trayectoria de planeo. Si el avión está por encima del ángulo ideal de descenso respecto a la pista, entre 2,5 y 3 grados, domina la señal de 150 Hz , mientras que la señal de 90 Hz domina los ángulos inferiores. Tres balizas señalizadoras colocadas a lo largo de la entrada de la pista transmiten señales direccionales a 400, 1.300 y 3.000 Hz, indicando la distancia hasta la pista, que puede oscilar entre 0,8 y 8 kilómetros.

● Indicador de ILS

El indicador de ILS en la carlinga recibe señales del localizador, la trayectoria de planeo y los señalizadores de posición. Estos datos se envían al director de vuelo, en la parte superior izquierda de la foto. Las luces del extremo superior derecho de la foto centellean cuando el avión pasa por cada señalizador.

● Director de vuelo (FD)

El director de vuelo informa al piloto de dónde se encuentra el avión con relación a la trayectoria de planeo. El piloto dirige el avión realizando constantes ajustes para mantener las barras horizontales y verticales del FD cruzadas en ángulos rectos en el centro del instrumento.

¿Cómo están presurizados los aviones?

A medida que un avión se eleva en el cielo, la presión atmosférica del exterior va descendiendo. Por tanto, los aviones deben poseer un sistema de aire acondicionado especial para bombear aire en la cabina y mantener la presión segura y cómoda para los pasajeros. Para hacer esto, se bombea aire del exterior desde los motores hacia la cabina, y se controla mediante una serie de válvulas de control de la presión. Al mismo tiempo, se expulsa el aire viciado del interior al exterior. En la mayoría de los aviones de pasajeros se mantiene la presión a una atmósfera (es decir, igual a la presión al nivel del mar) hasta los 22.500 pies (6.900 metros), y al 80 % de la presión a nivel del mar hasta los 36.000 pies (11.000 metros).

Circulación del aire en un avión

Después de realizar ajustes en la presión y en la temperatura, el aire absorbido por el motor es bombeado hacia la cabina y la carlinga a través de conductos de ventilación especiales.

Ala

Aire

Motores

Aire

Aire

Unidades de acondicionamiento de aire

Aire

Bombear aire hacia el avión

La unidad de acondicionamiento del aire envía aire desde los motores hasta la cabina a través de unos conductos instalados en el techo. El aire circula a través de toda la cabina y, luego, se expulsa por la parte posterior mediante unas válvulas de control de la presión.

Unidad de acondicionamiento de aire

La unidad de acondicionamiento de aire está situada en el centro del avión. Consta de un circulador de aire combinado con un intercambiador de calor, para refrescar el aire procedente de los motores antes de que pase a la cabina.

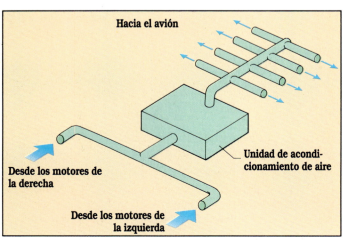

Hacia el avión

Desde los motores de la derecha

Unidad de acondicionamiento de aire

Desde los motores de la izquierda

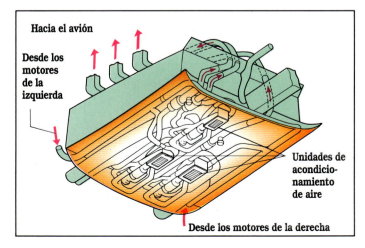

Hacia el avión

Desde los motores de la izquierda

Unidades de acondicionamiento de aire

Desde los motores de la derecha

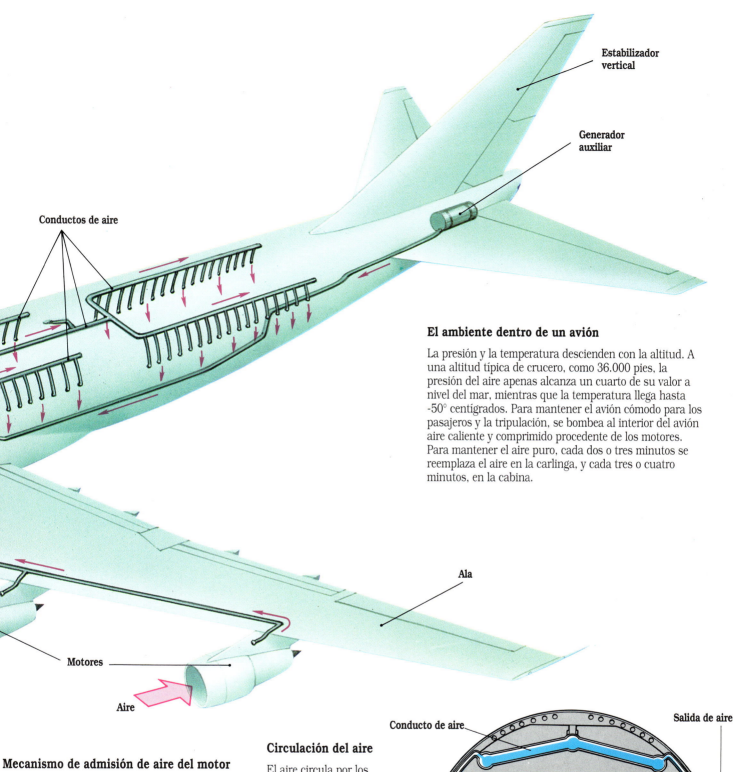

Conductos de aire

Estabilizador vertical

Generador auxiliar

El ambiente dentro de un avión

La presión y la temperatura descienden con la altitud. A una altitud típica de crucero, como 36.000 pies, la presión del aire apenas alcanza un cuarto de su valor a nivel del mar, mientras que la temperatura llega hasta -50° centígrados. Para mantener el avión cómodo para los pasajeros y la tripulación, se bombea al interior del avión aire caliente y comprimido procedente de los motores. Para mantener el aire puro, cada dos o tres minutos se reemplaza el aire en la carlinga, y cada tres o cuatro minutos, en la cabina.

Ala

Motores

Aire

Mecanismo de admisión de aire del motor

Este mecanismo refresca y purifica el aire caliente y comprimido a alta presión, procedente de los motores, antes de introducirlo en la cabina.

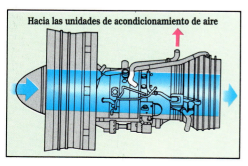

Hacia las unidades de acondicionamiento de aire

Circulación del aire

El aire circula por los conductos del techo, a través de la cabina, luego por debajo del suelo y, por último, vuelve a las válvulas de escape.

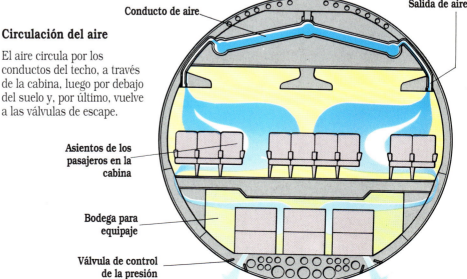

Conducto de aire

Salida de aire

Asientos de los pasajeros en la cabina

Bodega para equipaje

Válvula de control de la presión

¿Cómo funciona un motor de reacción?

Una hélice impulsa un avión hacia delante, pero un motor de reacción mueve el avión gracias al empuje obtenido al expulsar los gases de escape hacia atrás a gran velocidad. Existen cuatro tipos de motor de reacción o de turbina: los turborreactores; los turboventiladores, como los utilizados en reactores de pasajeros como el Boeing 747; los turbopropulsores, que usan hélices movidas por turbinas; y los de turboeje, utilizados en helicópteros.

Un motor turboventilador consta de tres componentes:

un compresor, un sistema de combustión y una turbina para producir energía. En primer lugar, se inyecta aire en el motor y se comprime mediante un ventilador rotacional. En el sistema de combustión, el aire comprimido se combina con el combustible y arde, produciendo un gas a alta presión y temperatura. Este gas pasa a través de la turbina, haciéndola girar a gran velocidad. Cuando el gas se expulsa por la parte posterior en forma de gas de escape, se genera empuje.

Mecanismo de un motor turboventilador

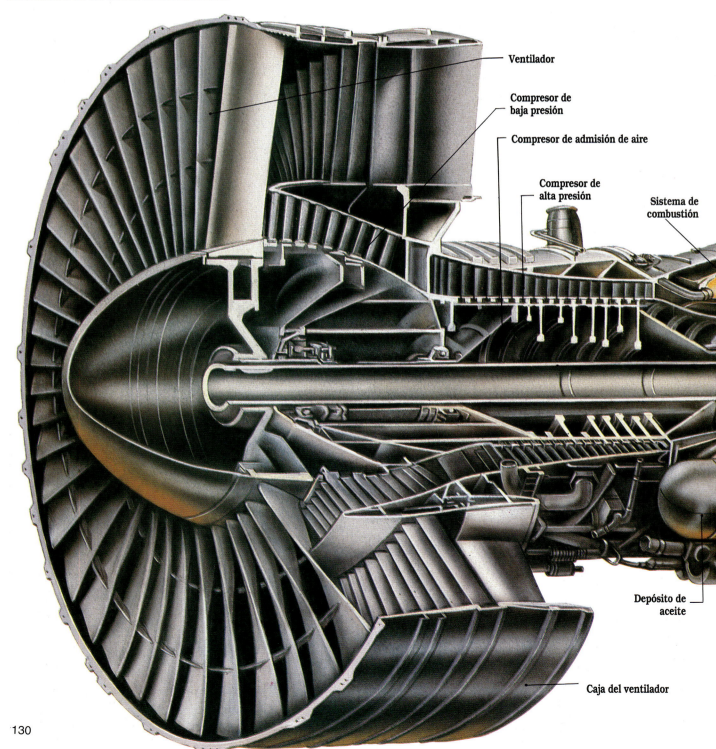

Ventilador

Compresor de baja presión

Compresor de admisión de aire

Compresor de alta presión

Sistema de combustión

Depósito de aceite

Caja del ventilador

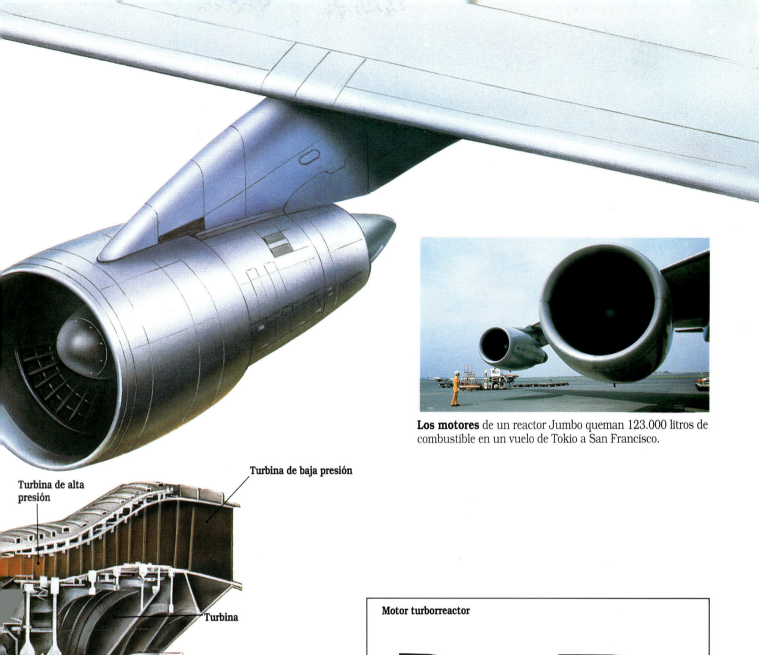

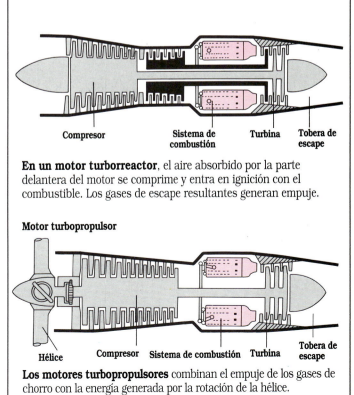

Los motores de un reactor Jumbo queman 123.000 litros de combustible en un vuelo de Tokio a San Francisco.

Turbina de alta presión

Turbina de baja presión

Turbina

Eje del rotor

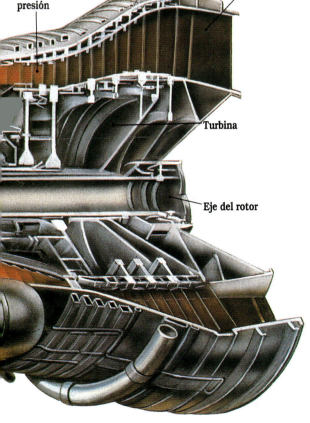

Después de que un motor de turbina absorbe el aire, asciende la presión del gas a través de una serie de fases de compresión. Tanto la presión como el volumen aumentan significativamente cuando se produce la ignición en el sistema de combustión. El empuje creado por el chorro de escape permite a los aviones impulsados por reacción alcanzar velocidades y altitudes mucho mayores que las obtenidas por un avión de hélice impulsada por pistones.

Motor turborreactor

Compresor

Sistema de combustión

Turbina

Tobera de escape

En un motor turborreactor, el aire absorbido por la parte delantera del motor se comprime y entra en ignición con el combustible. Los gases de escape resultantes generan empuje.

Motor turbopropulsor

Hélice

Compresor

Sistema de combustión

Turbina

Tobera de escape

Los motores turbopropulsores combinan el empuje de los gases de chorro con la energía generada por la rotación de la hélice.

131

¿Cómo se miden la altitud y la velocidad?

La velocidad y la altitud de un avión se miden con instrumentos llamados velocímetros y altímetros. La velocidad se determina midiendo las diferencias de presión en el aire que pasa por un dispositivo llamado tubo pitot, situado en el ala o en el morro. Un barómetro aneroide detecta las diferencias de presión y se expande o se contrae en respuesta a ellas. Estos movimientos del barómetro se reflejan en un indicador, que controla un instrumento en el panel de mandos de la carlinga. Cuanto más deprisa se mueve un avión, mayor es la diferencia que se produce en la presión de aire en los dos extremos del tubo pitot. La altitud se mide de dos maneras. Un altímetro de presión atmosférica mide simplemente la presión variable en el exterior del avión a medida que éste sube o desciende. El aneroide de vacío se ve alterado con los cambios de presión, y la tensión variable de un muelle en el aneroide hace oscilar a su vez las lecturas del altímetro. Un altímetro de onda de radio mide la altitud en función del tiempo que tarda una onda de radio enviada por el avión en reflejarse en el suelo y volver al avión.

El indicador de velocidad aerodinámica Mach

El indicador Mach mide la velocidad aerodinámica en relación con la velocidad del sonido, conocida como Mach 1. Se miden las diferencias de presión existentes entre la punta del tubo pitot y la tobera de presión estacionaria situada en su costado. Los dos barómetros aneroides se encogen o se expanden dependiendo de la presión de aire, y estas oscilaciones se reflejan en el velocímetro.

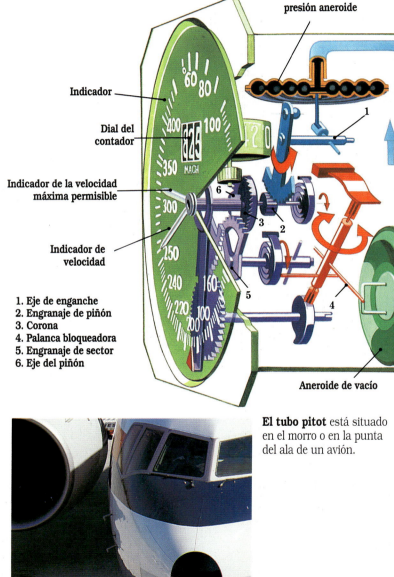

Diferencial de presión aneroide

Indicador

Dial del contador

Indicador de la velocidad máxima permisible

Indicador de velocidad

1. Eje de enganche
2. Engranaje de piñón
3. Corona
4. Palanca bloqueadora
5. Engranaje de sector
6. Eje del piñón

Aneroide de vacío

Anatomía del tubo pitot

El tubo pitot mide tanto la presión del flujo de aire como la presión estática a lo largo de los costados del tubo. La diferencia entre las dos lecturas proporciona al piloto la velocidad aérea.

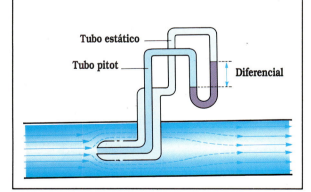

Tubo estático

Tubo pitot

Diferencial

El tubo pitot está situado en el morro o en la punta del ala de un avión.

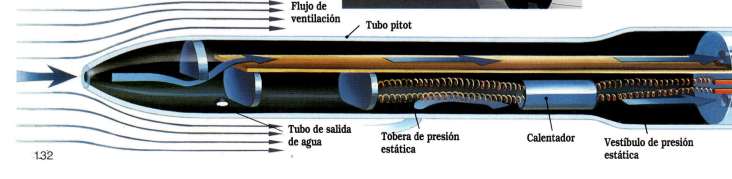

Flujo de ventilación

Tubo pitot

Tubo de salida de agua

Tobera de presión estática

Calentador

Vestíbulo de presión estática

El indicador Mach se llama así por el físico Ernst Mach, que estudió la velocidad del sonido, unas 760 millas por hora (1.220 km/h) a nivel del mar.

Altímetro

Los altímetros de presión atmosférica utilizan un barómetro para medir los cambios en la presión del aire fuera del aparato cuando éste asciende o desciende. La altitud, en pies o en metros, se indica en el panel de mandos de la carlinga. Los altímetros de presión tienen que ajustarse para permitir los cambios de presión atmosférica debidos a las condiciones meteorológicas variables.

Altímetro aneroide

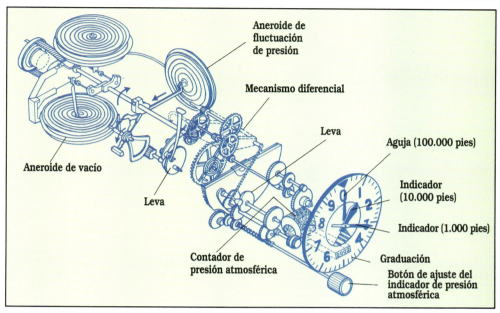

Aneroide de fluctuación de presión

Mecanismo diferencial

Leva

Aguja (100.000 pies)

Indicador (10.000 pies)

Indicador (1.000 pies)

Graduación

Botón de ajuste del indicador de presión atmosférica

Contador de presión atmosférica

Leva

Aneroide de vacío

Radioaltímetro

Existen dos tipos de radioaltímetro. Uno determina la altitud a partir de la diferencias de frecuencia entre las ondas de radio enviadas a tierra y las reflejadas de vuelta en el avión *(derecha)*. El otro tipo mide los intervalos de tiempo transcurridos entre la transmisión y el retorno de las señales. El primer tipo se usa principalmente en las medidas a baja altitud; el segundo, en medidas de altitudes altas.

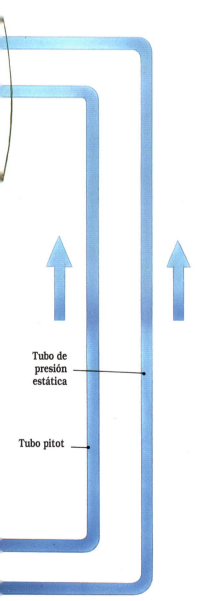

Tubo de presión estática

Tubo pitot

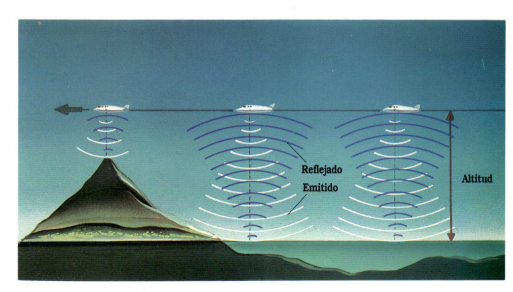

Reflejado

Emitido

Altitud

¿Cómo era el primer avión?

Orville y Wilbur Wright, dos hermanos estadounidenses de Dayton, Ohio, consiguieron realizar con éxito el primer vuelo de un vehículo más pesado que el aire impulsado por un motor. Fue en Carolina del Norte, Estados Unidos, el 17 de diciembre de 1903. Su primer vuelo, con Orville como piloto, duró sólo 12 segundos y recorrió únicamente 36 metros. El *Flyer* de los hermanos Wright, con una longitud en la cruz de las alas de 12 metros, estaba impulsado por un motor de gasolina de cuatro cilindros muy ligero, que generaba 12 caballos de vapor y hacía girar las hélices del avión a través de una cadena de transmisión. El *Flyer* tenía las puntas de las alas flexibles y se podían doblar para guiar el avión.

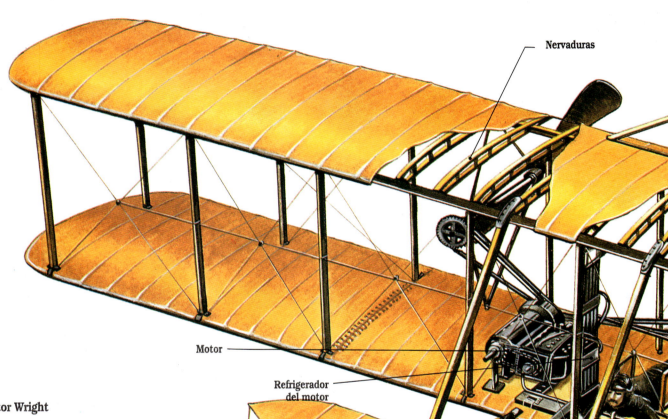

Nervaduras

Motor

Refrigerador del motor

Patines de aterrizaje

Timones de altura

El motor Wright

Los hermanos Wright, fabricantes de bicicletas de profesión, vieron el gran avance que suponía el desarrollo de un motor de gasolina ligero. La transmisión por cadena hacía girar las hélices en direcciones opuestas.

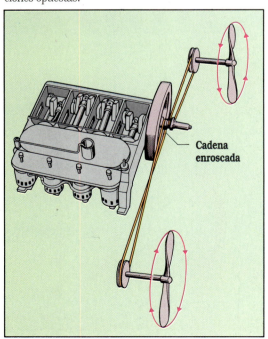

Cadena enroscada

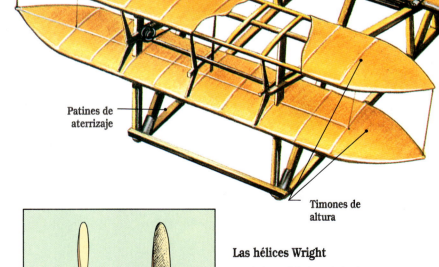

Las hélices Wright

Las hélices del *Flyer* de los hermanos Wright estaban hechas de madera de picea y tenían una sección transversal aerodinámica similar a la del ala. Podían convertir un 65 % de la potencia del motor en propulsión. La mejor hélice moderna consigue una eficacia de un 85 %.

Pilotar el *Flyer*

Al observar que los pájaros controlaban su vuelo torciendo la punta de sus alas, los Wright emularon a la naturaleza en su *Flyer*. Una plataforma colgante se movía de lado a lado para torcer la punta de las alas en direcciones opuestas a fin de conseguir control lateral. Una palanca de control gobernaba el ascenso y descenso.

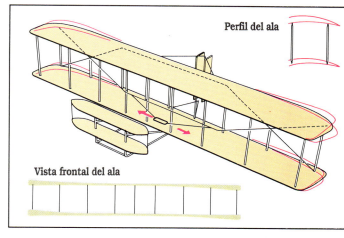

Un viejo sueño se hizo realidad cuando el *Flyer* se elevó en el aire

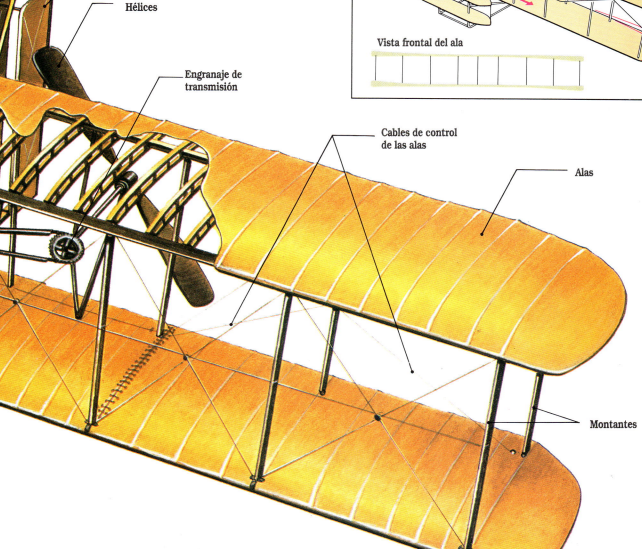

Timón de dirección

Hélices

Engranaje de transmisión

Cables de control de las alas

Alas

Montantes

Perfil del ala

Vista frontal del ala

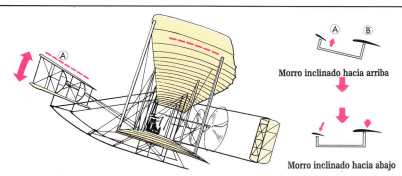

Morro inclinado hacia arriba

Morro inclinado hacia abajo

El sistema de control Wright

El ascenso y el descenso se controlaban mediante unos timones de altura gemelos montados en la parte delantera de las alas. Esta estructura, llamada *canard*, mantiene el aparato estable a velocidades bajas. A diferencia de un avión convencional, con los timones de altura situados en la parte posterior, si el morro del *Flyer* se elevaba demasiado, los timones de altura perdían velocidad por delante de las alas y se inclinaban suavemente hacia abajo para restablecer el equilibrio del aparato.

¿Qué es un vuelo supersónico?

La primera vez que se superó la barrera del sonido fue en 1947. Lo hizo Charles Yeager, un piloto de pruebas estadounidense, en el avión experimental Bell X-1. En la actualidad, el avión anglofrancés Concorde vuela de forma regular a velocidades supersónicas. La velocidad del sonido, que varía dependiendo de la presión atmosférica y la temperatura, es de 760 millas por hora (1.220 km/h) a nivel del mar, pero de aproximadamente 660 millas por hora (1.060 km/h) a 40.000 pies (12.200 metros). A medida que un avión se aproxima a la velocidad del sonido, aumenta la presión del aire delante de la nave, creando una "barrera". Al superarse esta velocidad, se origina una onda de choque, o estampido sónico, que puede hacer que el piloto pierda el control del avión. Las naves supersónicas como el Concorde están diseñadas de forma que resistan esta tensión.

El Concorde despega con el morro inclinado hacia abajo.

Alas y diseño del fuselaje

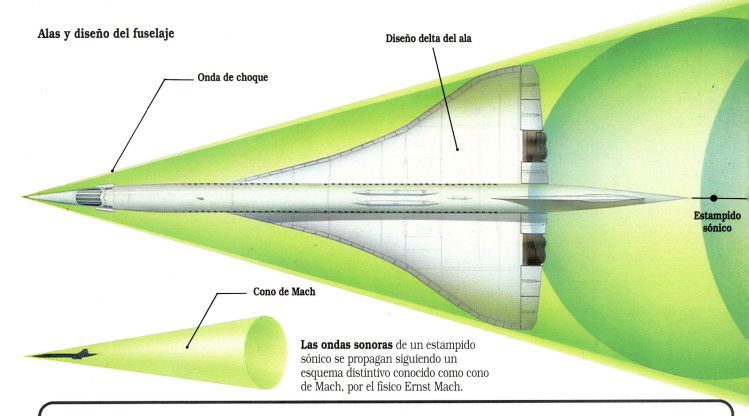

Onda de choque

Diseño delta del ala

Estampido sónico

Cono de Mach

Las ondas sonoras de un estampido sónico se propagan siguiendo un esquema distintivo conocido como cono de Mach, por el físico Ernst Mach.

Velocidad y ondas de choque

1. A velocidades subsónicas, la onda sonora de un avión atraviesa el aire por delante de éste.

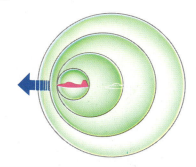

2. A medida que el avión se acerca a la velocidad del sonido, se forma una barrera de ondas sonoras junto con presión del aire delante del avión.

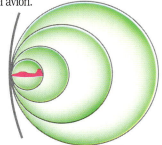

3. A velocidades supersónicas, una onda de choque cónica se propaga hacia atrás a lo largo de los bordes de la onda sonora.

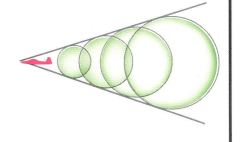

Un morro ajustable

El Concorde tiene un morro único, que se inclina hacia abajo para proporcionar mayor visibilidad al piloto durante los despegues y los aterrizajes. A velocidad de crucero, el morro se eleva para reducir la resistencia del aire.

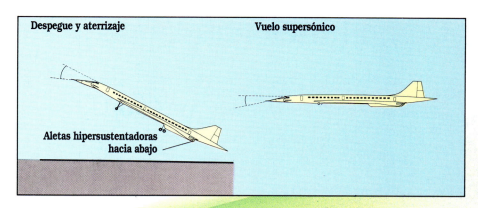

Despegue y aterrizaje

Vuelo supersónico

Aletas hipersustentadoras hacia abajo

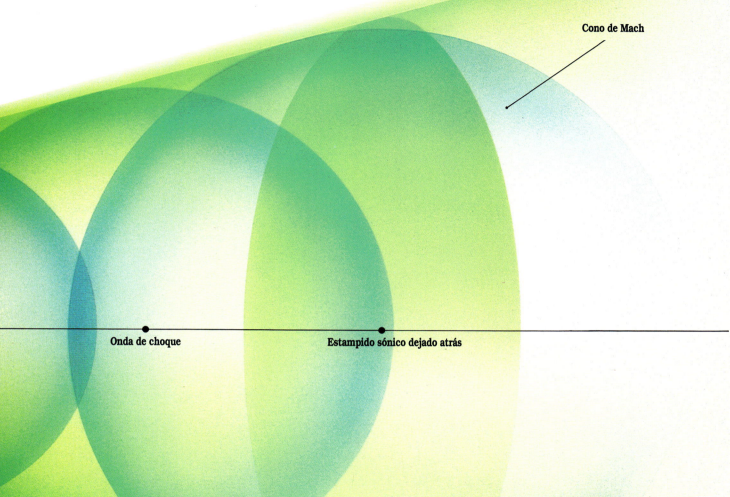

Cono de Mach

Onda de choque

Estampido sónico dejado atrás

Los aviones supersónicos como el Concorde se basan en unos motores muy potentes y en un diseño esbelto y aerodinámico para alcanzar velocidades supersónicas. El diseño debe ser capaz de resistir la turbulencia que se produce cuando se rompe la barrera del sonido. Las alas delta extremadamente pulidas del Concorde le permiten permanecer estable tanto a velocidades supersónicas como a bajas velocidades. Puesto que el estampido sónico puede causar daños en tierra, el Concorde permanece a velocidades subsónicas cuando sobrevuela el suelo.

¿Qué es un avión VTOL?

La mayoría de los aviones necesitan largas pistas para poder adquirir la velocidad necesaria para despegar o para ir reduciendo después de aterrizar. Sin embargo, los aviones VTOL (*vertical takeoff and landing*, despegue y aterrizaje corto), como el caza británico Harrier, son capaces de despegar y aterrizar prácticamente en cualquier sitio. Cuatro chorros móviles de escape pueden orientar el empuje del aparato en diversas direcciones. Al cambiar la dirección de estas toberas, el avión puede despegar o aterrizar verticalmente, o volar hacia delante como un reactor normal.

El *jump jet* de combate Harrier

Ala

Chorro de escape delantero

Admisión

Los chorros de escape del Harrier se pueden mover.

Tubo pitot

Mecanismo de aterrizaje del morro

Cañones aéreos

Maniobra de despegue vertical

③ Vuelo

Despegue: los cuatro chorros se dirigen hacia el suelo. Ascenso: se inclinan los chorros. Vuelo hacia delante: los chorros se dirigen hacia atrás en vuelo normal.

② Ascenso

Chorros de escape

Los chorros de escape del Harrier giran en un ángulo de 100 grados.

① Despegue

Durante el despegue, los chorros de escape crean un fuerte empuje hacia abajo, que se refleja en el suelo y genera sustentación.

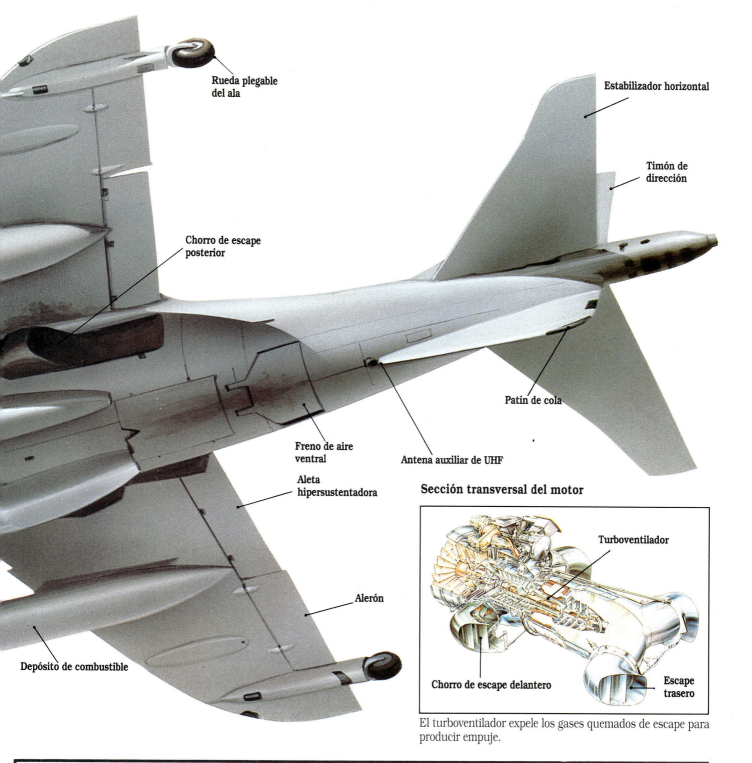

Rueda plegable
del ala

Estabilizador horizontal

Timón de
dirección

Chorro de escape
posterior

Patín de cola

Freno de aire
ventral

Antena auxiliar de UHF

Aleta
hipersustentadora

Alerón

Depósito de combustible

Sección transversal del motor

Turboventilador

Chorro de escape delantero

Escape
trasero

El turboventilador expele los gases quemados de escape para
producir empuje.

Otros aviones VTOL

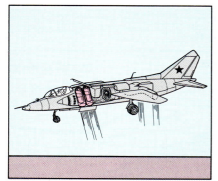

El Forger tiene dos motores especiales para
las maniobras VTOL, además del motor de
vuelo.

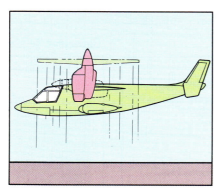

El XV-15 tiene motores de hélice montados
en las alas, que giran hacia arriba en las
maniobras VTOL.

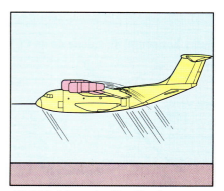

El STOL (*short takeoff and landing*,
despegue y aterrizaje corto) Asuka tiene
gases de escape que apuntan hacia abajo
para despegues rápidos.

¿Qué es un ala orientada hacia delante?

Timón de dirección

Strakes

Flaperones (funcionan como aletas hipersustentadoras y como alerones)

Ala

Canard

La mayoría de los aviones se caracterizan por sus alas orientadas hacia atrás, pero las alas del avión experimental X-29 A apuntan hacia delante. Con las alas convencionales, las corrientes de aire fluyen hacia el exterior, en dirección a las puntas de las alas, donde se pueden producir pérdidas repentinas de velocidad que pueden provocar balanceos descontrolados de la nave. En el X-29 A, sin embargo, las corrientes de aire fluyen hacia el fuselaje; las pérdidas de velocidad empiezan allí precisamente, permitiendo al piloto mantener el control gracias a los alerones situados en los extremos de las alas. El X-29 A tiene unas superficies especiales de control llamadas *strakes* en lugar de estabilizadores horizontales.

Función de los *canards* y sustentación

Los *canards* del X-29 A, situados a ambos lados del fuselaje delante de las alas, proporcionan sustentación adicional. Los ajustes verticales realizados a los *canards* ayudan a maniobrar la nave.

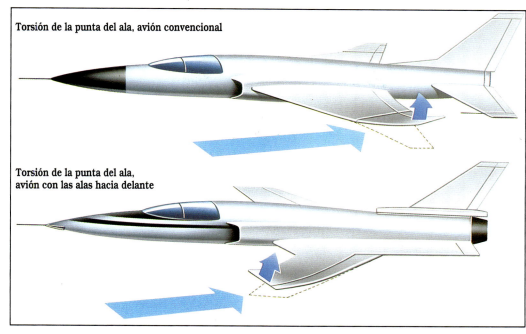

Torsión de la punta del ala, avión convencional

Torsión de la punta del ala, avión con las alas hacia delante

Torsión de la punta de las alas

Las alas orientadas hacia delante del X-29 A aumentan la sustentación y la maniobrabilidad. Además de su diseño único, las alas de este avión son especiales porque están hechas de un compuesto de carbono. Las alas convencionales, hechas a base de aleaciones metálicas, son flexibles y, en ocasiones, ceden bajo la presión de las maniobras. La torsión de la punta de las alas puede estropear e incluso destruir las alas. Pero las alas compuestas del X-29 A son extremadamente rígidas y capaces de soportar la tensión de las maniobras más duras.

Flujo de aire y dirección de las alas

Las alas orientadas hacia delante producen un flujo de aire de fuera a dentro que reduce la probabilidad de las pérdidas de velocidad repentinas. A pesar de que el X-29 A es menos estable que los aviones convencionales, resulta muy maniobrable a poca velocidad.

Flujo de aire de fuera a dentro

Strake del morro

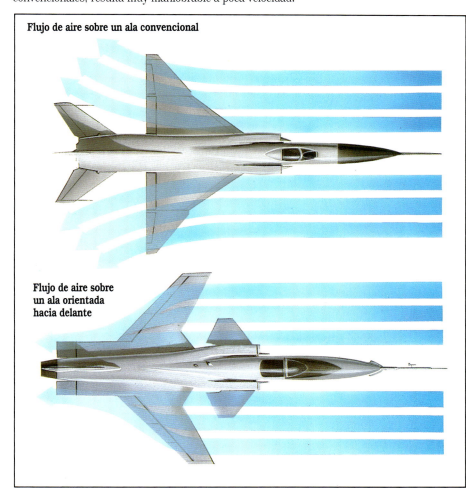

Flujo de aire sobre un ala convencional

Flujo de aire sobre un ala orientada hacia delante

¿Qué es un avión invisible?

Desde hace mucho tiempo, los diseñadores de los aviones de combate han querido fabricar una nave que fuera invisible para el radar enemigo. El bombardero estadounidense B-2, desarrollado a finales de la década de los ochenta, fue diseñado de tal modo que evitara la detección por ondas de radar, al absorberlas en lugar de reflejarlas. Construido con materiales especiales no metálicos que reflejan mal las ondas de radar, el B-2 tiene también un diseño de perfil bajo, con pocas protuberancias, de forma que las ondas de radar pasan por encima y por los lados sin ser prácticamente interferidas.

Los aviones también pueden ser detectados con dispositivos de infrarrojos que detectan el calor de los motores. Los aviones B-2 están diseñados de forma que el calor de los motores quede aislado y apenas provoque una mínima señal de infrarrojo. Como resultado, este bombardero altamente secreto es muy difícil de detectar, aunque no resulte totalmente invisible.

Evadirse a la detección del radar

La superficie de un avión B-2 está recubierta de material especial que absorbe la señal del radar. Las transmisiones de radar que llegan se dividen en dos ondas opuestas que se contrarrestan una a la otra, mientras que el material de superficie convierte las ondas en energía calorífica, que es absorbida.

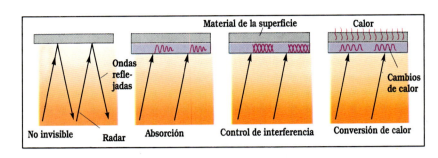

El B-2

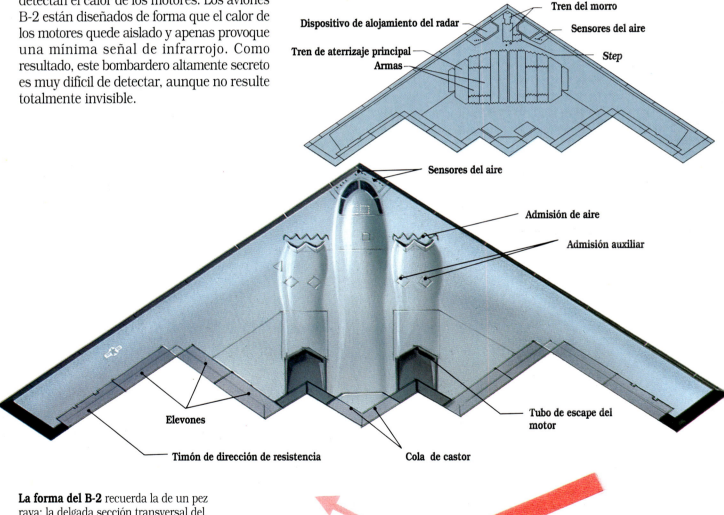

Sensores del aire

Admisión de aire

Admisión auxiliar

Tubo de escape del motor

Cola de castor

Elevones

Timón de dirección de resistencia

La forma del B-2 recuerda la de un pez raya; la delgada sección transversal del avión presenta una mínima área expuesta a las ondas de radar.

El material especial que cubre el B-2 cancela y absorbe las ondas de radar. La imagen del avión sobre una pantalla de radar parece la de un pájaro grande.

Glosario

Acelerador: dispositivo, normalmente un pedal, que sirve para modificar la velocidad de un vehículo variando la cantidad de combustible que se suministra al motor.

Acelerómetro: Instrumento que se utiliza para medir la aceleración de un avión.

Aerodeslizador: Vehículo que se desliza por el agua o el suelo sobre un cojín de aire de hasta 1,5 metros de espesor. Los aerosdelizadores se utilizan a menudo como transbordadores.

Aerofoil: *Véase* superficie aerodinámica.

Aguja: Raíl móvil que se desplaza cuando una locomotora o un vagón cambia de vía.

Airbag: Dispositivo que salta automáticamente del volante o del tablero de un coche en caso de colisión frontal y se hincha para impedir que los ocupantes de los asientos delanteros se golpeen contra el tablero o el parabrisas.

Aislante: Sustancia que no conduce la electricidad.

Ala: Protuberancia que, en un hidroala, eleva el casco de la nave en movimiento por encima del nivel del agua y genera el empuje que la impulsa.

Ala delta: Superficie triangular que sirve como ala y como estabilizador horizontal en los vehículos espaciales y en algunos aviones supersónicos.

Alerón: Dispositivo situado en el borde posterior del ala de un avión que se emplea para elevar o bajar el ala en los giros.

Aleta hipersustentadora: Superficie móvil utilizada para aumentar la sustentación o el arrastre sobre un avión; o superficie utilizada en los automóviles de gran velocidad para reducir la resistencia del aire.

Alternador: Dispositivo que convierte la corriente continua (CC) en corriente alterna (CA).

Altímetro: Dispositivo empleado para calcular la distancia de un avión respecto el nivel del mar u otro terreno.

Aneroide: Compartimento hermético de paredes delgadas dotado de una tapa elástica que responde de manera predecible a los cambios en la presión atmosférica.

Anilla de suspensión: Anilla que conecta la palanca de apertura a la cabeza del enganche de juntas articuladas.

Apogeo: Punto de la órbita de cualquier objeto que gira alrededor de un cuerpo que se encuentra más alejado de dicho cuerpo.

Árbol: Eje o barra en la que están montadas las ruedas.

Ataque: Ángulo de las alas de un avión respecto a la horizontal. Los pilotos utilizan las aletas hipersustentadoras para variar la inclinación.

Avión STOL: Avión de despegue y aterrizaje rápidos, que solamente necesita una pista muy corta para realizar estas maniobras.

Avión VTOL: Avión de despegue y aterrizaje vertical, pero que vuela hacia delante como cualquier avión convencional.

Balanceo: Rotación de un avión sobre el eje del fuselaje con poca pérdida de altitud, o el movimiento lateral de un barco.

Ballonet: Bolsa situada dentro de la envoltura de un globo dirigible que permite a éste ascender o descender. Al desplazar aire hacia el *ballonet* delantero, el morro del dirigible se inclina hacia abajo, y éste desciende. Al desplazar aire al *ballonet* posterior, la cola baja, y el dirigible asciende.

Barrera del sonido: Velocidad del sonido en el aire en las inmediaciones de un avión, el valor de la cual varía dependiendo de la presión atmosférica y la temperatura. A medida que la velocidad de un avión se aproxima a la barrera del sonido, se forma una onda de choque que puede hacer perder al piloto el control del avión.

Batiscafo: Sumergible tripulado utilizado para explorar las profundidades oceánicas. Es de mayor tamaño que la batisfera.

Batisfera: Aparato sumergible de forma esférica que baja a gran profundidad y está unido a una nave nodriza mediante un cable, mediante el cual recibe energía eléctrica.

Bobina de encendido: Serie de cables enrollados en un sistema de encendido que aumenta el voltaje suministrado por la batería a las bujías.

Bogie: Sistema móvil de suspensión que sostiene las ruedas del vagón de un tren.

Bujía: Dispositivo que enciende la mezcla de gasolina y aire dentro de los cilindros del motor de un vehículo propulsado por gasolina.

Caballo de vapor: Unidad de potencia mecánica, a menudo aplicada a los coches. Un caballo de vapor equivale a 746 vatios.

Cabrestante o torno: Potente máquina con un tambor o más, en los que se enrolla cuerda, cable o cadenas para estirar o elevar.

Caldera: En las locomotoras de vapor, el dispositivo en el que se produce el vapor necesario para impulsar los cilindros.

Calibrador: Dispositivo unido a los frenos de disco de un coche que mantiene las almohadillas de freno en su sitio.

Cámara de combustión: En un motor de combustión interna, espacio interior de la cabeza del cilindro y por encima del pistón en el cual arde el combustible.

Cambio de agujas: Dispositivo de las vías del tren que permite a los trenes pasar de una vía a otra.

Canard: Dispositivo montado en la parte delantera de un vehículo que actúa como estabilizador, o una de las dos pequeñas aletas elevadoras situadas delante de las alas principales en algunos aviones.

Carburador: Dispositivo que mezcla la gasolina y el aire antes de que ésta pase a los cilindros.

Cardan (gemelos): Dispositivo que suspende un objeto de tal manera que permanece horizontal, aunque el soporte se incline.

Castillo de proa: Estructura situada en la proa de un barco, utilizada como resguardo de víveres o maquinaria, o como alojamiento de marineros.

Cierre pivote: Dispositivo que bloquea automáticamente los enganches por contacto cuando las cabezas de éstos se encuentran.

Cigüeñal: Eje principal de un motor; convierte el movimiento lineal de los pistones en el movimiento rotatorio necesario para girar el eje de transmisión.

Cilindro: Cámara cilíndrica de un bloque del motor en la cual actúa un pistón.

Cilindro de freno: Cilindro metálico, en un coche o una locomotora, que contiene un pistón que sale hacia fuera al presionarse la palanca de freno.

Cilindro de potencia: Dispositivo hidráulico, controlado por computadora, en un sistema de dirección en las cuatro ruedas, que mueve las ruedas delanteras o las traseras a derecha o izquierda.

Coche de vapor: Tipo muy primitivo de coche que funcionaba a partir del vapor procedente de una caldera, en lugar de un motor de gasolina.

Cojinete: Dispositivo de apoyo que sirve para reducir la fricción entre una parte estacionaria y una parte rotatoria o entre dos partes móviles.

Cola de castor: Superficie de control que se combina con los elevones para ajustar la inclinación del avión y asegurar su estabilidad.

Compresor: Bomba u otro mecanismo para reducir el volumen e incrementar la presión de los gases.

Compresor axial: Dispositivo que inyecta aire en un motor y lo comprime.

Condensador: Dispositivo que acumula y conserva una carga eléctrica.

Conversor de torsión (convertidor de par): Dispositivo que ayuda a un coche de transmisión automática a cambiar de marcha.

Convertidor: Dispositivo que convierte la energía eléctrica procedente de corriente alterna (CA) en corriente continua (CC) o viceversa.

Cubierta de popa: Cubierta situada sobre la superestructura de la popa del navío.

Chasis: El esqueleto, las ruedas y la maquinaria de un automóvil.

Depósito de asiento: Depósito de agua que puede llenarse o vaciarse para asegurar que un barco se encuentra bien asentado en el agua.

Diodo emisor de luz (LED): Semiconductor en el que se enciende una luz cuando pasa corriente por él.

Dirección en las cuatro ruedas: Sistema que conecta las dos ruedas delanteras de un coche al volante y que controla electrónicamente el giro de las ruedas traseras. Permite giros más cerrados y mejora la seguridad de la conducción.

Electrodo: Conductor a través del cual una corriente entra o sale de un medio no metálico.

Electroimán: Dispositivo en el cual un núcleo de hierro o acero se magnetiza mediante corriente eléctrica aplicada a una bobina que lo rodea.

Elevón: Superficie de control que funciona como timón de altura y como alerón.

Embrague: Montaje rotatorio que sirve para conectar y desconectar con suavidad la fuerza del motor a la transmisión.

Embrague de garras: Embrague utilizado en los vehículos con tracción opcional en las cuatro ruedas en el que las protuberancias de una de las partes encajan con los huecos de la otra, quedando perfectamente ensambladas.

Empuje: Fuerza que un motor de reacción genera para impulsar el reactor hacia delante. De forma más general, cualquier fuerza responsable de hacer avanzar un vehículo.

Enganche de juntas articuladas: Sistema de enganche que se asemeja a dos manos unidas, utilizado normalmente para unir vagones o coches de tren.

Engranaje de anillo: Corona que rodea los planetarios y los piñones en un sistema de transmisión automático.

Estabilizador: En los barcos, dispositivo mecánico para contrarrestar el balanceo de la nave; en los aviones, dispositivo para mantener estable un avión durante el vuelo.

Estator: Parte estacionaria de una máquina alrededor de la cual gira el rotor.

Freno de disco: Freno que funciona por la fricción de un calibrador que presiona unas pastillas contra ambas caras de un disco rotatorio.

Fuselaje: Estructura central completa a la que están unidos las alas, la cola y los motores de un avión.

Generador: Máquina que transforma energía mecánica en energía eléctrica.

Girocompás: Compás navegacional que contiene un giroscopio, que indica automáticamente el norte real.

Giroscopio: Aparato que es capaz de mantener la misma dirección absoluta a pesar del movimiento de las partes que lo rodean.

Globo dirigible: Aeróstato flexible que consta de una gran envoltura rellena de helio y de una barquilla que cuelga por debajo de ella.

Grado de inclinación (cabeceo): Inclinación del morro de un avión hacia arriba o hacia abajo, ángulo en que la pala de una hélice está posicionada en su cubo, o movimiento de adelante hacia atrás de un barco.

Guiñar: Variar temporalmente el rumbo establecido.

Hertz (Hz): Unidad de frecuencia, utilizada para medir ondas de radio, equivalente a un ciclo por segundo; un kHz (kilohertz) equivale a mil ciclos por segundo, y un MHz (megahertz) a un millón de ciclos por segundo. También se denomina *hercio*.

Hidroplano: Timón horizontal que durante la inmersión dirige el submarino hacia abajo.

Hidrostático: Relativo al equilibrio y la presión de los fluidos.

Inductor: En un hidroala, la parte de la bomba de agua a chorro que aumenta la velocidad del agua que entra en la bomba y la expulsa a través de una boquilla para proporcionar empuje.

Integrador: Dispositivo navegacional utilizado en la aviación que coordina la información procedente de los acelerómetros de la nave con el tiempo transcurrido, con objeto de calcular la velocidad del aparato.

Intercambiador de calor: Dispositivo en un reactor nuclear que emplea el calor generado por la reacción nuclear para calentar agua y convertirla en vapor. El vapor hace girar las palas de un motor de turbina, generando energía eléctrica.

Intercity Express (ICE): Tren alemán de alta velocidad que batió el récord mundial de velocidad en 1988.

Junta de raíl: Espacio entre los raíles contiguos en las vías de acero y que permite que los raíles se dilaten cuando se calientan. También se denomina *juntura de raíl*.

Leva: Disco o cilindro, de forma irregular, cuyo movimiento transmite a las partes que están en contacto un efecto característico de balanceo.

Levitación magnética: Tecnología que emplea la fuerza magnética para levitar los vehículos sobre las vías. Augura la perspectiva de trenes capaces de mantener una velocidad de crucero cercana a los 500 km/h. Los trenes magnéticos se denominan *maglevs*.

Líquido de frenos: El líquido oleoso que transmite hidráulicamente la fuerza entre el pedal del freno y la pastilla o la zapata de freno, haciendo que el coche se detenga.

Mach: Número que indica la relación de la velocidad de un objeto con la velocidad del sonido; *Mach 1* equivale a la velocidad del sonido.

Mamparo contrabalance: Dispositivo situado en el eje del rotor de un helicóptero, que puede ser desplazado verticalmente para controlar el grado de inclinación de la pala del rotor. Al controlar el mamparo contra-

balance de esta manera, el piloto puede hacer que el helicóptero vuele recto, en círculos o se mantenga inmóvil suspendido en el aire.

Mando cíclico de paso: Palanca utilizada para controlar los movimientos horizontales de un helicóptero, inclinando las palas del rotor a derecha o a izquierda.

Mando de paso colectivo: Palanca utilizada para controlar el ángulo de las palas del rotor de un helicóptero al unísono, con objeto de aumentar o disminuir la sustentación.

Manómetro: Instrumento utilizado para medir la presión de un fluido.

Mecanismo de transmisión: Conjunto de transmisión y diferencial comprendido en un único montaje.

Modificador: Desviador del aire, adosado a un automóvil, especialmente un coche de carreras, para evitar que el coche se eleve sobre la carretera y para incrementar la tracción a altas velocidades; o mecanismo largo y estrecho sobre el ala de un avión utilizado para reducir la sustentación y aumentar el arrastre. También recibe el nombre de *alerón*.

Monorraíl: Tipo de tren, usado frecuentemente en rutas de pasajeros y especialmente turísticas, que circula sobre un único raíl en lugar de hacerlo sobre un par de raíles paralelos. Existen distintos tipos de monorraíles que se desplazan sobre un único raíl o cuelgan de él.

Motor turbopropulsor: Tipo de motor de reacción en el que una turbina de gas impulsa la hélice de un avión. Combina el empuje del escape a chorro con la potencia generada por la rotación de la hélice.

Neutrón: Componente sin carga eléctrica del núcleo atómico que juega un papel importante en el proceso de fisión nuclear en los submarinos atómicos y otros reactores atómicos.

Palanca de cambio de marchas: Dispositivo de los coches con transmisión manual que permite al conductor escoger la marcha adecuada.

Pantógrafo: Dispositivo para transmitir corriente desde un cable superior a un vehículo, como un tranvía o una locomotora eléctrica.

Perigeo: Punto en el movimiento de cualquier objeto alrededor de otro cuerpo en el que se encuentran más cercanos.

Pestaña (reborde): Borde protuberante que sirve para mantener un objeto en su sitio.

Piñón: Engranaje diseñado para encajar con una rueda mayor o un eje dentado que mueva otro engranaje.

Pistón: Disco o cilindro que se mueve dentro de una vaina ajustada.

Presión atmosférica: La presión del aire circundante. A medida que aumenta la altitud, disminuye la presión atmosférica local.

Puente volante: Pequeña cubierta, a menudo descubierta, situada por encima del puente de un barco y que tiene un sistema duplicado de control y de navegación.

Quitanieves: Dispositivo acoplado a las locomotoras en los climas fríos para apartar la nieve que se acumula sobre los raíles.

Radar: Dispositivo que proyecta una imagen de los objetos circundantes sobre una pantalla y que determina su localización emitiendo una onda de radio y, a continuación, midiendo el intervalo de tiempo transcurrido hasta que vuelve el eco.

Reactor: Aparato en el que una reacción de fisión nuclear en cadena puede iniciarse, mantenerse y controlarse para producir calor o radiación útil.

Regulador: Mecanismo que controla el flujo de la mezcla de aire y combustible hacia los cilindros.

Resistencia: Fuerza aerodinámica que tiende a disminuir el movimiento hacia delante de un hidroala, un avión o cualquier otro cuerpo aerodinámico.

Revoluciones por minuto (rpm): Medida de la velocidad de un motor determinada por el número de revoluciones que un cigüeñal realiza en un minuto.

Rotor: La parte rotatoria de una máquina. En el sistema eléctrico de un coche, electroimán que gira dentro del estator para suministrar electricidad al coche; en una transmisión automática, parte del conversor de torsión; en aviación, sistema de superficies aerodinámicas giratorias, como las palas horizontales de un helicóptero.

Silenciador: Dispositivo que reduce el ruido del motor de un coche.

Sincronizador: Dispositivo en un sistema de transmisión que provoca que los engranajes se muevan al mismo ritmo para evitar que colisionen.

Sistema de aterrizaje instrumental (ILS): Sistema de orientación utilizado por los aeropuertos para ayudar a los aviones a aterrizar con seguridad, en especial cuando la visibilidad es escasa. Consiste en un localizador, un indicador de la trayectoria de planeo y una serie de señalizadores consecutivos.

Sistema de aterrizaje por microondas (MLS): Sistema de aterrizaje instrumental que consiste en dos transmisores terrestres de microondas que pueden atender a un mayor número de aviones y con mayor seguridad que el ILS.

Sistema de combustión: Aparato en un motor de reacción para iniciar y mantener la combustión.

Sistema de navegación inercial (INS): Dispositivo que consta de un giroscopio y unos acelerómetros incorporados y que ayuda a calcular la dirección de vuelo de un avión, su velocidad y la distancia recorrida.

Sistema de Posicionamiento Global (GPS): Grupo de satélites navegacionales que permite a los barcos en alta mar determinar su situación con gran precisión, tanto de día como de noche.

Sonar: Dispositivo para localizar objetos sumergidos en el agua que calcula el intervalo de tiempo transcurrido hasta que el eco vuelve al emisor.

Sponson: Dispositivo de flotación utilizado para hacer aterrizar un avión en el agua; también almacena combustible.

Strake: Superficie horizontal de control utilizada por algunos aviones para ayudar a los canards en los ascensos o descensos.

Subestación: Estación de potencia donde se transforma corriente eléctrica o donde se incrementa o disminuye el voltaje.

Sumidero: Dispositivo que recoge o disipa electricidad o calor.

Superconductor: Sustancia que pierde toda resistencia al paso de la corriente eléctrica bajo una temperatura determinada.

Superestructura: Parte de un barco construida sobre el casco principal.

Superficie aerodinámica: Cualquier superficie, como un ala, un alerón o un estabilizador, diseñada para contribuir a la sustentación o para controlar un avión aprovechando las corrientes de aire circundantes.

Suspensión: Sistema de muelles y otros dispositivos que sostiene el esqueleto y el cuerpo de un vehículo desde los ejes.

Sustentación: La fuerza ejercida por el aire que mantiene un avión en vuelo.

Timón de altura: Superficie en el borde posterior del estabilizador horizontal de un avión que se utiliza para levantar o bajar el morro del avión.

Timón de dirección: En los barcos, pala vertical en la popa del buque que puede girarse para gobernar el barco; en los aviones, superficie de control unida al estabilizador vertical y utilizada, junto a los alerones, para gobernar el avión.

Tracción: Fuerza existente entre los neumáticos de un coche y la carretera. La cantidad de tracción depende de la superficie de los neumáticos, del material del que estén hechos y de la superficie de la carretera.

Tracción en las cuatro ruedas: Sistema de tracción especializada que permite transmitir la fuerza del motor de un coche a las cuatro ruedas. Este sistema comporta una conducción más segura.

Transmisión: Mecanismo que, en un coche, transfiere el movimiento giratorio del cigüeñal hasta el eje de transmisión, que, a su vez, transmite la potencia a las ruedas del coche.

Traviesa: Soporte de los raíles del tren, de madera o de hormigón, que suele estar enterrada en grava.

Tren bala: *Véase* tren de alta velocidad.

Tren de alta velocidad: Tren de diseño aerodinámico avanzado, provisto de motores de alta eficiencia, que puede superar los 300 km/h. En Francia se denomina TGV; en Alemania, ICE; y en España, AVE. El correspondiente japonés es el conocido tren bala.

Tubo estático: Tubo que mide la presión de un fluido estático.

Tubo pitot: Instrumento para medir la velocidad respecto al aire.

Turbina: Cualquiera de las diversas máquinas que constan de un rotor, normalmente con aspas o palas, impulsado por la presión de un fluido en movimiento, como el agua, el vapor o el aire.

Turboalimentador: Dispositivo que, al inyectar más cantidad de aire en los cilindros del coche, incrementa los caballos de fuerza sin variar el tamaño del motor.

Turboventilador: Tipo de motor de reacción usado en los reactores de pasajeros. Consta de un compresor, un sistema de combustión y una turbina para producir potencia.

UHF *(ultra-high-frequency,* ultra alta frecuencia)**:** Cualquier frecuencia de ondas de radio entre 300 y 3.000 MHz.

Unidad de conmutación: Dispositivo utilizado en los coches eléctricos para interrumpir un circuito eléctrico cuando la corriente excesiva puede estropear el circuito o provocar un incendio.

Válvula de isopresión: Válvula utilizada en los coches de bomberos con pulverizadores de espuma que mantiene la presión de los líquidos a niveles constantes.

Válvula de Poppet: Válvula que controla la admisión y el escape de la cámara de combustión en la mayoría de los motores de coche.

Vapor vivo: Vapor recién salido de la caldera y a máxima presión, listo para ser usado.

Varilla de control: Material que absorbe los neutrones y que puede introducirse o sacarse fuera del centro de un reactor nuclear para controlar la proporción de fisión.

Varilla de pistón: Varilla que transfiere el movimiento del pistón a otra varilla conectada.

Velocidad aérea: La velocidad de un avión con relación al aire que lo rodea. A causa de los vientos, la velocidad aérea de un avión no es necesariamente idéntica a su velocidad respecto al suelo.

Velocidad respecto a tierra: Velocidad de un avión relativa al suelo que está sobrevolando. A causa de los vientos, la velocidad de un avión respecto al suelo no es necesariamente idéntica a su velocidad respecto al aire.

VHF *(very-high-frequency,* muy alta frecuencia)**:** Cualquier frecuencia de ondas de radio entre 30 y 300 MHz.

VOR *(very-high-frequency omnirange,* radiofaro omnidireccional de muy alta frecuencia)**:** Ayuda terrestre para la aviación. Una estación VOR emite dos ondas de radio que muestran el norte magnético y cualquier dirección entre 0 y 359 grados.

Zapata de freno: Bloque de un material constituido de forma que encaje en la superficie curva del tambor de un coche o en la rueda de un tren cuando se frena.

Publicado por:
TIME LIFE, LATINOAMÉRICA

Vicepresidente Time Life Inc.: Trevor E. Lunn
Vicepresidente de marketing y operaciones: Fernando A. Pargas

Time-Life Warner España, S.A.
Directora general: Angela Reynolds
Adjunta a dirección: Jeanine Beck

Versión en español:
Dirección editorial: Joaquín Gasca
Producción: GSC Gestión, servicios y comunicación
    Barcelona (España)
Equipo editorial: Antón Gasca Gil, Jesús Villanueva Oria,
    Alejandro Recasens, Dolores Hernández
Traducción: Josep-Lluís Melero i Nogués, Joaquín Lacueva,
    Maite Melero Nogués, Misericòrdia Ramon Joanpere, Joana
    Maria Seguí Aznar, Teresa Riera Madurell, Mercè Rafols
    Seagues
Asesoramiento científico: Doctora Teresa Riera Madurell,
    licenciada en Matemáticas, doctora en Informática,
    vicerrectora asociada de la Universidad de las Islas Baleares
Doctor Santiago Alcoba Rueda, catedrático de Filología
    Española, Universidad Autónoma de Barcelona
Doctor Ángel Remacha, doctor en Medicina, Hospital de la
    Santa Cruz y San Pablo
Doctora Misericòrdia Ramon Joanpere, doctora en Biología,
    profesora de la Universidad de las Islas Baleares, decana de la
    Facultad de Ciencias
Josep-Lluís Melero i Nogués, biólogo, Zoológico de Barcelona
Joaquín Lacueva, biólogo, Zoológico de Barcelona

TIME–LIFE for CHILDREN ™
(Alexandria, Virginia, U.S.A.)

President: Robert H. Smith
Associate Publisher and Managing Editor: Neil Kagan
Assistant Managing Editor: Patricia Daniels
Editorial Directors: Jean Burke Crawford, Allan Fallow,
    Karin Kinney, Sara Mark, Elizabeth Ward

Time Life Inc. es una filial propiedad de THE TIME INC. BOOK
COMPANY

TIME–LIFE es una marca registrada de Time Warner Inc.
    U.S.A.

Asesores: Anne Bennoff, Association of American Railroads
Cliff Black, Amtrak
Alex Campbell, Solar Electric
Robert J. Casey, presidente de High Speed Rail/Maglev
    Association
Cynthia Cecil, Intamin Co.
Al Cleeland, Ingersoll-Rand
Nicolas Finck, San Francisco Municipal Railway
Willis R. Goldschmidt, Museum of Transportation
Randy Gordee y George Green, Koehring
Al Hixenbaugh, Boeing
Terry Kehoe, Kent Lester, Mark Lester, Supertrax
    International, Ontario
Russell E. Lee, conservador, Aeronautics Department,
    National Air and Space Museum, Smithsonian Institution
Larry Levine, Washington Metropolitan Area Transit
    Authority
Mark Messersmith, Ride & Show Engineering, Inc.
John T. Nansen, Museum of Transportation
Debo Ogunrinde, Washington Metropolitan Area Transit
    Authority
Gary Pope, Fairfax County Fire and Rescue
Michael D. Sakahara
Tina Shelton, Cal Poly Pomoma
Russell Taylor

© 1994 Time Life, Latinoamérica

Título original: *Transportation*
ISBN: 0–8094–9700–X (Edición en inglés)
ISBN: 0–7835–3379–9 (Edición en español)

Impreso en Chile por Cochrane S. A.

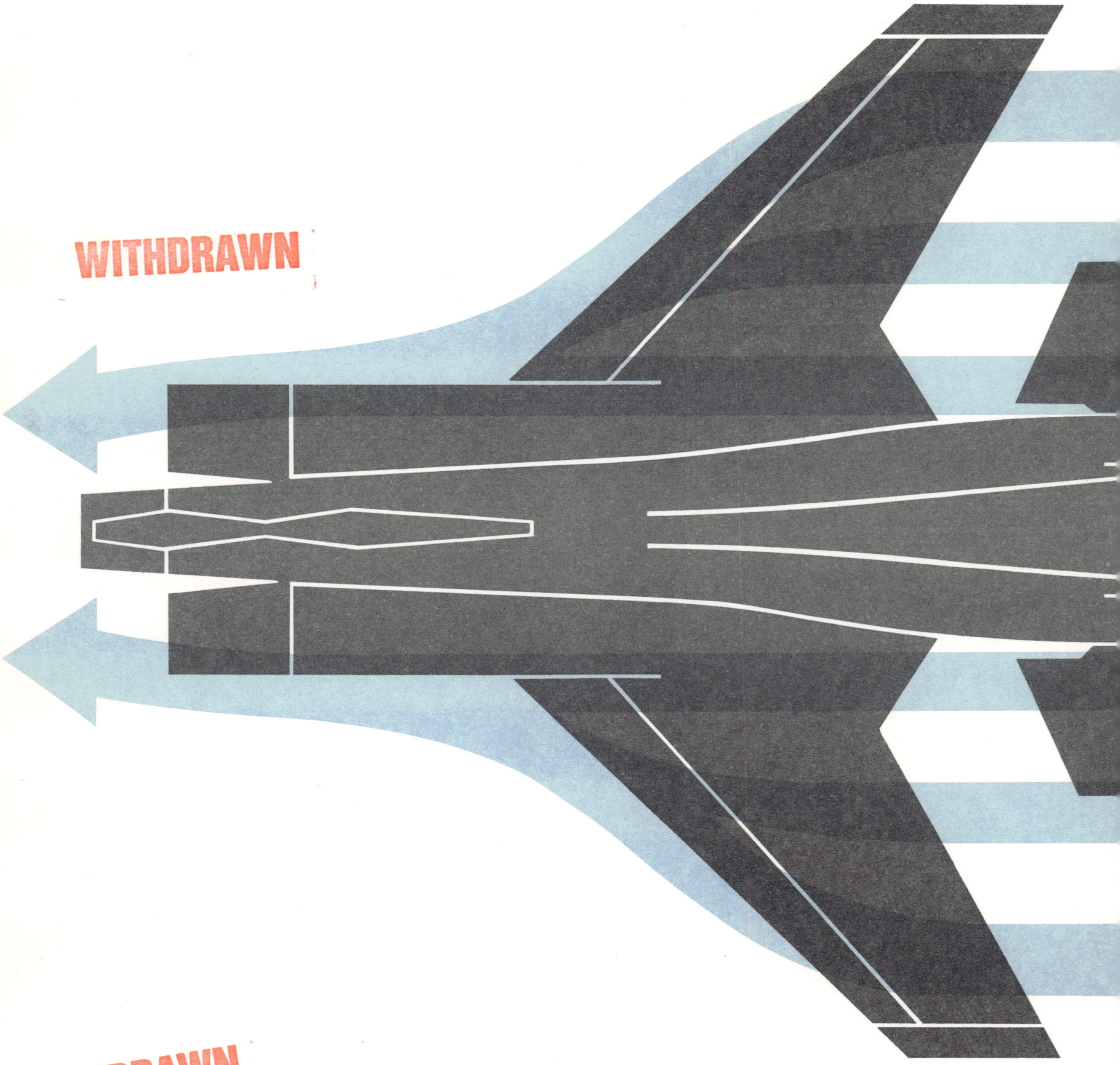

WITHDRAWN

[redacted]